はじめに

人は誰しも、大なり小なり心配や不安を抱えながら日々を生きています。最近も、パンデミックや不安定な国際情勢、景気の後退に物価の高騰、少子高齢化の加速などがあり、人々の心配や不安が日々、増しているように思えます。

実際のところ、私たち人間の人生には常に心配がつきまとっています。たとえば小学校や中学校、高校に入学する際、今までとは異なる環境で自分が上手くやっていけるかが心配になったことを覚えている人は多いのではないでしょうか？

それは大人になっても変わりません。転職をすれば、その職場に馴染めるか、力を発揮できるかを心配しますし、引っ越しをすれば、近所づきあいに不安を感じたりするものです。

歳を重ね、さまざまな経験を積めば、心配ごとは減っていくかと思っても、そう簡単にはいきません。健康や収入に不安を抱えながら生活をしている高齢者はたくさんいます。自分はともかく、子どもや孫の将来が心配でたまらないという人もいるでしょう。

心配や不安はどこから生まれるのか

では、私たちが抱えている心配や不安はどこからやってくるのでしょうか？　たとえば健康に対する不安の原因は、自国の医療システムの不備にあるのでしょうか？　老後の生活への不安は、国の経済政策に問題があるから起こるのでしょうか？　仕事上の心配の原因は、上司や部下、会社にあるのでしょうか？

そう考える気持ちは理解できます。しかし、ここであえて、「心配や不安の原因はすべて自分の中にある」というふうに発想を転換してみてほしいのです。

「いやいやそんなことはない。私が心配になるのは、社会に問題があるからだ」「私の不安は、日本の政治がよくないことが原因だ」「周囲の環境や人間が私を不安にさせるのだ」と思う人もいるでしょう。

でも、本当にそう言い切れるでしょうか？　病を抱えていても、それに悩まず前向きに生きている人はいます。先行きが不透明な経済状況に落ち込むどころか、ビジネスチャンスだと捉えて頭をフル回転させる人もいます。同じ職場でも、会社の悪口ばかり言う人もいれば、日々前向きに働いている人もいます。定年退職後の生活を不安に感じる人もいれば、楽しみにしている人もいるでしょう。その差はいったいどこにあるのか、というふうに考えてみてほしいのです。

心のありようを知り、コントロールする

心配や不安の原因を自分の心の中に探ってみると、ある心の機能に突き当たります。それは、仏教用語で〝慢《まん》〟と呼ばれる厄介な煩悩《ぼんのう》です。

詳しくは本書で解説していきますが、慢とは、自分を測ろうとする誰にでもある心の動きです。私とはいったい何者なのか、自分は価値のある人間なのか、といったことを知るために、人はあらゆるものを自分と比べているのです。

私たちは人生のスタートラインから、心配や不安と伴走しながら生きています。自分を測ろうとするのは、そんな状態を解消するためです。測れば測るほど、心配や不安を大きくしてしまうのです。

心配や不安を和らげて、やがてなくしていくためには、この慢を中心とした心のしくみをよく理解して、巧みにコントロールする必要があります。

難しそうだと思うかもしれませんが、決してそんなことはありません。他人をコントロールしたいとか、世の中をコントロールしたいと願っても、それは不可能で馬鹿げた話です。しかし、自分の心ならば、やり方次第でしっかり制御できます。だからこそ、外界のできごとに右往左往することをいったんやめて、自分の心に向き合ってみることを提案したいのです。

どうして自分の中に心配や不安が生まれてきたのか。心のしくみや働きを正しく観察することができれば、どんな心配も不安も、取るに足らない問題に変化していきます。自己観察を始めた瞬間から、気軽で穏やかな人生がひらかれるのです。

人生には、さまざまな落とし穴や危険があることは事実です。そういう意味では、心配も不安も生きるうえでは必要なものです。ただ、それが独り歩きして暴走を始めることで、あなたの心身はひどく蝕《むしば》まれてしまうのです。よけいな心配、よけいな不安を軽やかに手放す術を身につけて、自由で平穏な心を手に入れましょう。

あなたが心配ごとから解放されて幸せになれば、周囲も幸せになり、それが世の中の幸せにつながっていくはずです。

アルボムッレ・スマナサーラ

心配しないこと

目次

第2章

不安のしくみ
——自己評価のカラクリを知る

第3章

幸・不幸を司る「心」のしくみ——自己評価と煩悩家族

第4章

心を使いこなして幸せになる——自己評価で成長する方法

第5章 心配ごとをブッダに相談してみよう

第1章

なぜ不安になるのか？
――「自己評価」という落とし穴

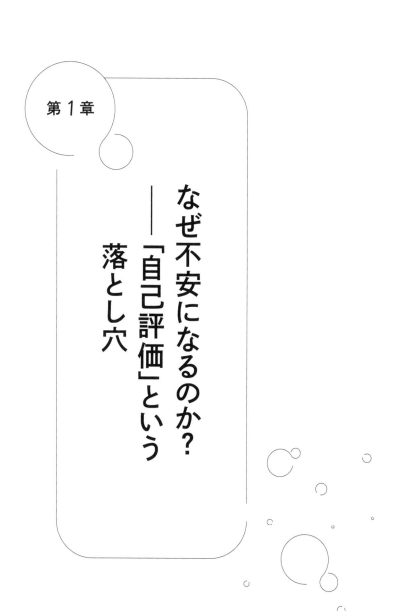

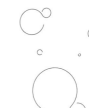

あれもこれも不安で仕方がない

私たちの人生は、不安だらけです。「いつまでも健康を保てるか心配だ」「子どもの将来が心配だ」「勤めている会社が倒産したり、自分がリストラされたりしないかと不安だ」……。

明るい未来が想像できず、自分の先行きに不安を抱えているという声をよく聞きます。将来への不安で、「今ここ」の生活を楽しむこともままならなくなっているのです。

その一方で、現状それほど不安はなく、「今がとても幸せだからいつまでもこのままでいたい」と考えている人もいます。ただ、そういう人であっても、新しい職場に転職したり、部署が異動になったり、重要な仕事を任されたり、結婚や出産をしたり、引っ越しで見知らぬ土地に移ったり、自分を取り巻く環境ががらりと変わることを考えると、心配がつのって落ち込んでしまうときがあるそうです。果たして上手くやっていけるのだろうかと。

身のまわりの生活から視野を広げて、人類社会の状況に目を向けてみると、ここ数年は新型コロナウイルスの流行で、世界中が大変な混乱に陥っていました。さらに新しいウイルスが流行してパンデミックが起こることを恐れる人もいます。最近は気候変動の影響で豪雨、洪水といった自然災害が頻発しており、今後ますます状況が悪化すると心配している人も多いです。

加えて、昨今はロシアとウクライナの戦争がエスカレートして、核戦争の危機まで叫ばれるようになっています。

自分の身のまわりのことから巨視的な問題まで、大なり小なり、不安や心配を抱えていないという人は探すのが難しいと思います。そして、その不安や心配とは、**現状が変化することへの恐れ**であるとまとめることもできるでしょう。

しかし、よくよく考えてみれば、この世のすべては常に変化していて、私たちも変わり続けているのではないでしょうか？　将来を見通せないことなど当たり前で、それがどんなに好ましいことであったとしても、「現状維持」などそもそも不可能ではないでしょうか？

自分も周囲も絶えず「変化」をするもの

お釈迦さまは出家した弟子たちに向かって、次のように話したことがあります。

「汝らは怠ってはならない。すべては恐ろしい速さで変わっていくのだ。この太陽を見なさい。今は強い光を放って輝いている太陽であっても、やがては消滅してしまうのだ」。

「この大海を見なさい。尽きせぬ水をたたえたこの海もいずれ涸れてしまって、人間の踵《かかと》ぐらいの水たまりになる日が来るだろう」。

太陽や海がなくなるなんて大袈裟だと思った人もいるかもしれませんが、これは真理です。この世に不変のものは一つもありません。太陽や海ですらなくなるのに、人間が現状維持を続けるなんて、できるわけがないのです。

人は歳をとるものなのに、歳をとるのは嫌だ、不安だと思ってしまうのは、自分が変化していることへの自覚がないからでしょう。性格や考え方だって刻々と変わるものです。昔はおおらかで優しかった人が、歳をとって頑固で怒りっぽくなったというのはよく聞く話でしょう。

自分は変化し、周囲も変わる。そして、いつかはみんな死んでしまう、というのが現実です。将来のことが心配になるのは、私たちがその現実を理解していないからだと、お釈迦さまは教えます。**変化するのが当たり前で、現状維持などできないことを私たちが忘れてしまっているからこそ、「あり得ない現状維持」にしがみついて、悩み続けてしまうのだと。**

お釈迦さまの前で、「いつまでもこのままでいたい」「歳をとりたくない」などという話をしたら、きっと笑われてしまうでしょうね。

お釈迦さまは出家・在家を問わずすべての人々に対して、「**変化しないという錯覚に酔うことをやめなさい**」と言っています。

自分が変わること、自分の生活が変わること、未来がわからないことは、すべて当たり前なのです。私たちは錯覚への酔いから覚め、当たり前の現実を認めるところから人生をやりなおさなくてはいけないのです。

不安になっても何も解決しない？

こんなことを言うと怒られてしまうかもしれませんが、10年、20年先のことを心配したり、どうなるかわからないことを不安に感じたりしても何一つよいことはありません。たくさん心配したからといって、物事が解決するのでしょうか？　不安を強くしたらいつか不安は消えてくれるのでしょうか？

そんなことはあり得ません。

不安や心配、怒り、嫉妬、後悔などのネガティブな感情は、勝手にたまっていってしまいます。

たとえば転職をして、自分が上手く職場に馴染《なじ》めるのか、仕事でよい成果を残せるのかという不安を抱えていたとしましょう。そんなときに、たまたま配属された部署の人たちが多忙でしばらく声をかけてもらえないと、自分は期待されていないのではないか、歓迎されていないのではないかという考えに陥ってしまうことがあります。

そうすると不安が増して、「おはよう」と声をかけられても「そっけない」と感じたり、「頑張ってね」という言葉も「今の自分は頑張りが足りないということか」と受け取ってしまったりします。

これは**自分で不安の種に水をやり、どんどん育ててしまっている状態です**。厳しい言い方をすれば、自業自得です。

とにかく、不安を育てても一向に幸せにはなれません。**不安や心配は育てずに、手放すべきものなのです**。この原則をよく覚えておいてください。

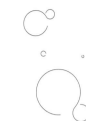

未来を知ることは誰にもできない

私たちは皆、未来のことを心配します。「住宅ローンをしっかり払えるだろうか」「年金だけで老後を暮らしていけるだろうか」「大きな病気をすることなくずっと健康でいられるだろうか」「うちの子どもはいい大学に入っていい企業に就職できるだろうか」「明日のプレゼンテーションは上手くいくだろうか」「無事に資格試験に合格できるだろうか」と、ありとあらゆることを心配します。

しかし、実際の未来がどうなるのかは誰にもわかりません。**未来を知ることは不可能**だと、仏教では断言しています。

未来を知ることは誰にもできないのは明白なのですが、これを理解せず、認めようとしない人がいます。

人は、何としてでも未来を知りたがろうとする生き物なのです。たとえば、消費者の動向や市場調査をし、今後どのような商品が流行《はや》るのか、売れるのかを知ろうとします。健康診断を定期的に受けるのは、自分の体にどんな病気が生じる可能性があるのかを知っておきたいからでしょう。毎朝天気予報をチェックするのも、雨が降るのか降らないのかを知り、それに備えておきたいからですね。

株価の変動、スポーツの勝ち負け、テストにどんな問題が出題されるか、何でも予想して、先のことを知ろうとします。

未来は推測できても、そのとおりになるわけではない

人間はなんとかして未来を知りたがります。だからこそ、世の中にはさまざまな占いが存在するのです。

「今日の運勢はどうだろうか」「自分の寿命はどのぐらいだろうか」「私はいつ、どんな人と結婚するのだろうか」「来年はどんな一年になるのだろうか」。多くの人が未来を知りたいと思っているから、占いサイトを見たり、占いの本を読んだり、占い師のもとへ相談に行ったりします。

人間には未来がわからない。それゆえ未来を予言してくれそうな占いをありがたく感じ、耳を傾けているというわけですね。

どんなに科学が発展しても占いがなくならないのは、世の中にはどんなことをしてでも未来のことを知りたいと思う人が溢れているからです。

未来を知ることは不可能ですが、推測することはできます。健康診断や天気予報は、蓄積された過去のデータをもとに導き出されるものです。物事の因果法則、因果関係を科学的に考察し、予測されたものですから、未来に対する客観的な推測は、予言や占いとは異なります。

そして、健康診断や天気予報はもちろん完璧ではありません。健康診断の結果が悪くても大きな病気を患うことなく長生きする人はいますし、天気予報が外れることは日常茶飯事でしょう。データに基づいた科学的な推測でも、物事がそのとおりになるわけではありません。

繰り返しになりますが、未来を知ることは誰にもできないのです。

未来は不透明であること。

これを受け入れられれば、将来に対する不安や心配を格段に減らすことができる

でしょう。わからないことを心配しても仕方がありません。私たちにできるのは、最善を尽くすことだけです。

日本の鉄道はものすごく正確に時間どおりに運行していますが、それでも事故や悪天候などで遅れることがあります。カーナビが予測した到着予定時刻どおりに、目的地につけるかどうかだって定かではありません。思わぬ渋滞に巻き込まれることはありますし、立ち寄ったトイレが混んでいたなんてこともあるでしょう。

常に、自分が立てたスケジュールどおりに完璧に予定が進むなどということはあり得ないのです。

明日何が起こるかわからない、物事は予定どおりに進まない。こんな当たり前のことを理解できていない人がたくさんいます。「そんなこと知っているよ」と思う人もいるでしょうが、ではどうしてわからないことで悩んだり、不安になったりするのでしょうか？　それは未来がどうなるかわからないことを、受け入れられていないからでしょう。

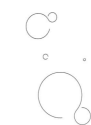

不安になるのは欲があるから

ここで、私たちの人生をその出発点から振り返ってみましょう。

赤ん坊の頃は、自分ひとりでは何もできません。それがとても不安になって、ひとりになるとすぐに泣いて親を呼ぶのです。

少し大きくなると、おもちゃやお菓子に興味を持つようになり、あれが欲しい、これも欲しいと言い出します。しかし、おもちゃをあげたところで、一つでは満足できません。欲しいものがどんどん増えて、満たされることはありません。おもちゃをもらっても、すぐに新しいものが欲しくなってしまいます。反対にあれも嫌、これも嫌だと食べるものや着るものにこだわる子どももいます。

このような欲は私たちの中に常にあって、悩み、不安、心配を生み出します。

小学校に入り友だちができれば、「みんなが持っているものと同じゲームが欲しい」「みんなと同じ習い事がしたい」「あの子よりも勉強ができるようになりたい」「あの子よりも足が速くなりたい」「クラスの人気者になりたい」といった気持ちが生まれてきます。周囲と同じでないと心配になったり、仲間外れになったらどうしようかと不安になったりしたことを覚えていませんか？

せっかく大人になっても、満たされない気持ちは変わりません。「もっとお金を稼ぎたい」「家や車を買いたい」「成功者だと思われたい」「出世をしたい」「部下から慕われたい」「いつまでも若く見られたい」といった思いは、誰だって抱いたことがあるでしょう。

では、どこまでいけば満足できるのでしょうか？　欲しいものが１００％完璧に揃うことなどあるのでしょうか？　もしそれらが揃ったとして、本当に幸せだと言えるのでしょうか？

お金に対して強い欲求があればお金がないことが不安になり、若さに執着があれば老いることが心配になるでしょう。**不安や心配は、外からやってくるわけではありません。その種は、自分で生み出しているのです。**

「現状維持」なんてできない

一生懸命に努力して、お金や社会的地位、世間からの賞賛といったものを手に入れたとしましょう。今度は、それらを手放すことが不安になります。

自分が持っていないことが不安だったものを手に入れたのに、今度は持っているから不安だということになるのです。いったいどうしたいのでしょうか?

生きているということは、常に回転して、変化し続けるということです。自転車が走っているときだけ安定して、止まったら倒れるのと同じです。**もし回転することをやめたら、そこで成長は終わり。**成長できなくなったら、たちまち堕落の坂を転げ落ちてしまいます。幸せに生きるどころではなくなるのです。

人も世界も常に変化をしていて、一定ではありません。昨日の自分と今日の自分は違いますし、今の自分は、すでに1時間前の自分とも違います。この本を手にする前のあなたと、読後のあなたも違うでしょう。

今、川を流れている水は、昨日川を流れていた水とは違います。変わらないように見える通勤電車だって、昨日と今日で乗車している人がまったく同じなんてことはあり得ないのです。

すべては変化する

この世のすべてのものが変化し続けている、という事実を受け止めましょう。自分も、家族も、仕事も、地球環境も、すべて変化しているのです。この世のすべてが変化していると理解すれば、現状を維持しようとする気持ちがいかに馬鹿馬鹿しく、叶うはずのないことかとわかるはずです。

すべてが変化することを忘れていると不安になったり、心配になったりします。老いることが不安になるのは、人は歳をとるものという当たり前のことを忘れてしまっているからです。

人類の歴史上、老いなかった人間は存在しません。自分の両親や祖父母を見ても、人は年月とともに老いることを感じられるはずです。それなのに自分は老いたくない、老いが心配だというのはおかしな話です。

仕事だって同じです。自分は生涯この会社で働き続けたいと思ったところで、それは無理な話です。定年を迎えたり、能力が衰えたり、病気になったりしたら、辞めなくてはならないでしょう。

会社だって変化を続けています。あなたが入社したときと今とでは、社員数や売上げだって違うでしょう。あなたの業務内容も給料も、まったく同じではないはずです。今後、会社が大きくなるのか小さくなるかは、誰にもわかりません。どこかの会社と合併したり、会社がなくなってしまったりする可能性だってあるでしょう。

私たちは、刻一刻と変化しています。自分もまわりも同様です。同じスピードで同じ方向へ走っている2台の自動車や列車の中からお互いを見ると、まるで止まっているように見えることがありますね。

人と人との間にも同じことが起こっていて、同時に変化しているから、同じ状態に留まっているかのように錯覚してしまうのです。

生きることは変化すること

私たちが生きるということは、常に変化をし続けることです。手に入れたものを失うことを不安に感じても仕方がありません。このままでいたいと思って、宇宙の法則に抗《あらが》っても苦しいだけです。

変化を続け、最終的に私たちは命さえも手放さなくてはいけません。いくら嫌だと言っても、それは変えることができません。変化を恐れていては、死ぬまで不安や心配を抱えていなければいけないのです。ただでさえ生きることは苦しく大変なことなのに、さらに手かせ、足かせをつけるようなものです。

ずっと今のままでいたい。そう考えるのはとても不幸です。なぜなら、その願いは１００％叶うことがないからです。叶うはずのない願いを抱き、それ故に悩み苦しむ。客観的に見れば、こんな馬鹿らしいことはないと思えるでしょう。

私たちは生まれた瞬間から変化を続け、臓器も細胞も何もかも一時として同じ状態にはありません。変化を恐れず、受け入れることが大切なのです。

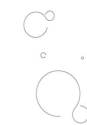

すべての生命は「慢」を回転させている

仏教心理学では、人間のみならずあらゆる生命の心に「慢」という煩悩があると教えています。古い経典の言葉であるパーリ語では「māna（マーナ）」といって、日本語に訳せば〝測る〟という意味になります。

つまり、**慢というのは、「自分を測る」心の働きなのです**。測るといっても、体重計にのって身体の重さを測るわけではありません。自分の〝存在〟を測ることなのです。

日常生活ではなかなか使う場面がありませんが、物の重さを比較する天秤というハカリがありますね。竿の真ん中を支点にして、その両端に皿を置き、一方に分銅を置いて、反対側に測りたいモノをのせます。

慢を働かせて自分の〝存在〟を測る場合もこれと同じです。天秤の一方の皿に分銅としての自分をのせて、もう一方の皿には、別の誰かをのせます。ときには他の生物をのせることもありますが、たいていの場合、他の人間をのせて測るのです。

このように、**「私とはいったい何者なのか？」と知るために、自分と他人を比較して測ろうとする心の働きが慢です**。つまり、慢とは**自己評価の煩悩**なのです。

では、人は自分と誰を比べているのでしょうか？　それは、自分が会った人すべてです。**私たちは、常に出会った人と自分とを測っています**。だから、とても大変なのです。会う人会う人すべてを測るので、きりがなく、終わりがありません。顔と顔を合わせて会った人だけではなく、テレビで観ただけの人、ＳＮＳ上で出会った人ともハカリを使って自分と比べています。

「そんなことはない。私と他人を比べたりはしない」と思った人もいるかもしれませんが、慢は誰にでもあるものです。測ろうと思っていなくても、測ったことすら気がつかないまま、測っています。

すべての人類どころか、すべての生命は、始終心の中でずっと慢を回転させているのです。

自分と他人を比べる基準

人は自分と他人とを測った後、その結果をカテゴライズします。自分の存在を「**重い・等しい・軽い**」という三つのカテゴリーに分類します。ここではハカリの例に沿って、「重い・等しい・軽い」という言葉を使いますが、自分の存在を測る場合はその都度、状況に合わせた言葉を使って三つに仕分けしています。

たとえば、美しさを測った場合、「自分よりも美しい」「自分と同じぐらい」「自分に比べて大したことがない」といった言葉で三つに分けます。学会やシンポジウムで意見を発表したり討論したりするときには、他人を見て「あの人はどのくらい頭がいいのか」という頭の能力を測って三つに分けます。

その人の知識量、能力などを、自分と引き比べて、「自分より頭がいい」「自分と同じくらい」「自分に比べて大したことがない」という三つです。

人はありとあらゆる場面で、測って三つに分類することを行っています。容貌、スタイル、ファッション、頭の良し悪し、身体の能力、若々しさなどを比べ、さらに学歴や肩書き・働いている会社まで比べています。

自分と反対側の皿には、その都度出会う人をのせていきます。この人はのせるけれど、あの人はのせないということはありません。自分が会った不特定多数のあらゆる人をのせていきます。

ですから、その度に自分の存在は揺らぎ、不安や心配、嫉妬といった感情を生むことになります。もう本当にきりがありません。

家族の中だったら、メンバーがほぼ固定されているので、自分の存在、価値というものは比較的はっきりしています。「私の価値はこのくらい」と、バーコードで貼っているような状態ですから、測る必要はありません。ですから、誰でも家族の中にいるときは不安にならず、落ち着くことができるのです。

しかし、子どもが学校に入学すると状況が一変します。学校に行くと、初めて会う人ばかりですから、入学当初は測りっぱなしの状態になります。不安で、緊張します。

かわいいか、体育が得意か、勉強ができるか、おもしろいか、ゲームが得意かなど、あらゆることをあらゆるクラスメイトと測ります。不安や心配で、緊張している状態がしばらく続くことになります。

クラスメイトや校内の友人の数には限りがあるので、ある程度時間が経つと、おおよその自分の値が明らかになってきます。そうすると緊張が解け、学校生活が楽しくなってくるのです。

しかし、それがいつまでも続くわけではありません。クラス替えで新しい人と出会えばまた測ることになります。転校すれば、またゼロからのスタートです。中学から高校、大学と進学する度に測ることになりますし、いつまでも学校のような狭い環境で生きていられるわけではありません。やがて卒業して社会に出れば、不特定多数の人と会うことになります。

自信のなさや不安から、測ってしまいたくなる

大人になっても、私たちは測ることをやめません。会う人が増えれば、測る数も増えるので、大人になってからのほうが測る機会は増えるぐらいです。

職場や趣味の場でも測り続けています。部署が異動になったとき、転職をしたとき、新しい趣味のサークルに参加するときなど、不安や心配を感じて緊張するのは、その領域での自分の値が定まっていないからなのです。子どもであるか、大人であるかは関係ありません。

そういうわけで、私たちはずっと測り続けて、くたびれてしまうのです。基準値はありませんし、一定していません。自分の存在は常に揺れていて、測る度に自分の値が変わります。

不安で心配で測らずにはいられないのに、測った結果でまた不安になったりして

います。この「慢」はなかなか消えない煩悩ですから、不安や心配をなくすために
は、慢と上手く付き合っていかなくてはいけません。
なぜ、人は自分の中の天秤を使って測ってしまうのでしょうか?
私たちの中には**自我意識**が存在しています。小さな子どもだって、大きな自我を
持っているのです。自我を抱える私たちは、いつも自信がなくて不安な状態でいま
す。だからこそ、測りたくなるのです。
他人と比較して測ることで、「私はこういうものだ」と自我を確立したいのです。
自信がなく不安な心をなんとか抑え込みたくて、他人と測っているのです。
しかし、測る対象は不特定多数で限りがありません。会う人、会う人、すべてを
測り、測れば測るほど「自我の価値」が変わります。そして、測れば測るほど不安
は増大していってしまいます。
たとえば、左側におんぼろの服を着た格好悪い人がいるとしましょう。その人と
自分を測ると「この人はだらしない、大したことがない」と考えて、優越的な気分
になるかもしれません。そんなとき、右側を見るとおしゃれで格好いい人がいます。
すると今度は自分のことが格好悪く感じられ、惨めな気分になるのです。

世界を認識したときに慢が生まれ、それからは出会う人すべてを測り続けます。自我を確立するためです。それなのに、計測値は刻々と変わるので、目的とは反対に「**限りない自我の不安**」という結果に陥ってしまうのです。

ここで、微妙に生きることの矛盾が見えると思います。最初から、私たちの中には不安があるのです。不安をなくすために自我を確立しようと思って、他人と自分とを測る。測る度に自我の値が変わってしまって、結局また不安になるのです。

私たちは、どうしても測らずにはいられません。測らないと生きられないのです。それなのに、測るたびに不安になってしまう。不安になるとまた測りたくなり、再び不安になる。生まれ落ちた瞬間から、この負のサイクルが回転し始めてしまうのです。

私たちは常に、**自分にどの程度の価値があるか**を知りたがっています。誰もが自分の価値を知りたいのです。知らないと、不安で仕方がないのです。

自分の価値のことを英語で「value of self」といいます。この「value of self」を知るために、私たちは自分の中の天秤を使って測っているのです。この「自我の価値」が、仏教で「慢」といわれるものなのです。

価値が行動を左右する

自分の価値を測って見定めようとするのと同時に、人はあらゆるものの価値を測ろうとします。**自分だけでなく、何に対しても価値を測って、評価を定め、それに合わせて対応します。**

これが生命の基本です。生命は、どんなものに対しても価値を測って、値札をつける習性を持っているのです。

ときにはガラクタなようなものにも、骨董品とか美術品として、何百万、何千万もの高価な値札をつけているのを見ることがあるでしょう。そして、その一見ガラクタのようなお値打ち品を保存するために、美術館の頑丈なガラスケースに収め、空調までをコントロールして、相当なお金をかけて大事に扱ったりします。

最近では、実体のないデジタルデータに驚くほど高額な値札がつけられることもあります。

反対に価値がないとみると、それに対して無関心になります。たとえば、道路に

1円玉が落ちているとしましょう。このとき「1円玉が落ちている」と思うかもしれませんが、1円玉に大きな価値を感じていませんから、だいたいの人は無視して通り過ぎてしまいます。

では、1万円札が落ちていたらどうでしょうか？　ほとんどの人が無視せずに足を止めるでしょう。このように、人は価値を測って値札をつけ、それに合わせて対応を変えているのです。

値札をつけているのは、物品に対してだけではありません。動物にだって値札をつけています。動物園にはさまざまな種類の動物がいます。なかでもパンダの人気は高く、多くの人がパンダを目当てに集まってきます。パンダを見るためには、長い列に並んで順番を待たなくてはいけません。ようやくパンダを拝めるところまでたどり着いても、防弾のガラス越しにしか見ることができず、近づくことは禁止されています。

パンダに対して価値を入れているからこそ、長時間並んでガラス越しの対面であっても、どうしても見たいと思うわけです。

一方、パンダと体の形や大きさが似ているクマに対しては、パンダほど関心を持つ人は多くありません。クマを目当てに動物園に行くという人はそれほどいないようです。多くの人は、クマに対してあまり価値をつけていないのです。

このように値札のつけ方によって、対応がずいぶんと違います。私たちの対応は、対象にどのような価値をつけるかで変わってくるのです。

価値のラベルと執着の強度

価値をつけることで、私たちの執着の強度が決まります。道路に落ちているのが1円玉か1万円札かで、執着のレベルが変化して、対応も変わるのです。

同じキラキラ光るものでも、ガラスの破片かダイヤモンドかで、対応が変わります。ガラスの破片だったらマイナスの価値になります。マイナスの価値をつけて行動します。「危ないから早く処分しよう」といった考えになります。

もしもそれがダイヤモンドだったら、対応は別です。まったく別の行動をとるでしょう。捨ててしまおうなどとは考えません。大事にしようとするはずです。

ガラクタだと思っていて倉庫の隅で埃を被っていた物が、実は骨董品だったとわかればあわてて埃を払って丁寧に扱い、保管の仕方も変えるでしょう。

家の中で見た黒い虫がゴキブリだとわかると、悲鳴を上げてなんとか追い出そうとか潰そうとしますが、それがカブトムシだったら潰そうとは思わないでしょう。

このように、**執着の強度によって私たちの対応が変わるのです**。

執着のレベルには強弱があるとはいえ、私たちはすべてのものに価値を入れて値札をつけているのです。つける価値がプラスであってもマイナスであっても、執着には違いありません。

たとえば、公園で捨てネコを見つけたとしましょう。捨てネコですが、こちらに寄ってきて鳴きながら手を舐めたりすると「なんてかわいいのだろう。でも首輪をつけていない。かわいそうに、捨てられたのかもしれない。家で飼ってあげよう」とプラスの価値を入れます。それで家に連れて帰り、体を洗ってやり、エサやミルクをあげ、大事にかわいがるのです。

そのネコが机の下で毛を立てて威嚇《いかく》をしています。どうやらヘビがいるようです。

先ほどネコを家に入れたときに、ヘビも紛れ込んだのかもしれません。ヘビを見つけると、人はまたすぐに価値を入れます。ネコに入れたプラスの価値とは異なり、今度はかなりマイナスの価値を入れます。「かわいい」ではなく「怖い」というマイナスの価値を入れるのです。

プラスの価値もマイナスの価値も執着

では執着の対象はプラスの価値を入れたネコだけで、ヘビに対しては執着していないのでしょうか?

結論をいえば、ヘビに対しても執着をしているのです。その場合は、マイナスの執着をしていることになります。このマイナスの執着によって、「ヘビを追い出そう」と必死に頑張るのです。

私たちは、マイナスの執着によっても何らかの行動を起こします。捨てネコを見て、連れて帰ろうとしたのと同じです。

行動させたのは、私たちが入れた価値であり、執着です。机の下でとぐろを巻いたヘビを追い出そうとするのも、ゴキブリを潰そうとするのも、執着による行動なのです。

価値がマイナスであろうとプラスであろうと、関係ありません。**価値を入れたらそれに執着し、価値のラベルに合わせて、どんな行動をするかを決めているのです。**

このように、私たちはまず物を測り、それから価値を入れて執着します。物とは、見るもの、食べるもの、着るもの、聞くもの、感じるものなど、私たちの五感を刺激するすべてのもの。

お金・食べもの・衣服・家屋・土地・自動車・家族・恋人・友人・仕事・趣味・健康・若さ・美しさ・地位・名誉など、あげたらキリがありません。あらゆる物を測り、価値を入れ、執着して、行動するのです。

マイホームに高い価値を入れていれば、長いローンを組んでも家を買います。美しさや若さに高い価値を入れていると、さまざまな美容・健康法を取り入れるでしょう。仕事や会社に高い価値を入れていると、毎日のように残業をして、休日も出勤します。

そうしないと不安だからです。

自分に対して究極の価値を入れている

人はあらゆる物を測り、価値を入れています。その中でも究極の価値を入れているのは「自分」や「自我」に対してです。

世の中には、価値の高いものがいろいろとあります。ダイヤモンドや金、油田などはものすごく価値が高いですが、それよりも高い価値をつけているのは「自分」です。**私たちは、何よりも自分に対して高い価値をつけているのです。**

たとえば、ある油田の所有者が「あなたに油田の株を30％差し上げます」と言うとしましょう。ただし「その代わりに、1週間後に死んでください。差し上げた油田の株は、子どもや他の人に譲ることはできません」と言われたらどうでしょうか？

誰でも「けっこうです。その株はいりません」と断ることでしょう。油田の株の

30％というと、１週間でも収入は膨大なものになるでしょうが、それでも自分の命のほうが大切なのです。

このように、私たちは自分に対して究極の価値をつけています。究極の価値をつけ「自分は世界一」だと考えています。**高い価値をつけているからこそ、さまざまなトラブルや、苦しみ、悩みが生まれているのです。**

実際の世界でも何かで世界一になると、そこからは大変です。誰かが必ず挑戦してきて、その座を奪おうとしてきます。これは、スポーツの世界でも明確に見ることができます。世界戦で日本のチームが優勝したとしましょう。この優勝というものはあやふやなもので、持続しないものなのです。

すぐに他国のチームが敵意を燃やして挑戦し、その座を奪い取ろうと狙ってきます。たくさんの相手から常に狙われている状態です。

世界一のタイトルは、狙われ、いつか奪い取られるものです。だから、タイトルを獲得した瞬間から大変になります。舞い上がって浮かれている暇などありません。状況は、世界一になる前よりも困難で厳しくなるのです。

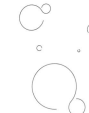

世界は私を中心に回っている？

私たちは、誰でも自分に対して「世界一の価値」や「究極の価値」を入れていま
す。したがって、否応なしに他の人から攻撃を受ける羽目になるのです。自分以外
の大多数の生命が、自分の世界一のタイトルを潰そうと挑戦してきます。「勝とう、
勝とう」と必死ですから、自分も他人も常に測らざるを得ない状態です。
たとえるならば、みんなが機関銃を持ってお互いを撃ちまくっている状況です。
世界一の座を誰かから奪い取り、また他人から守るために慢を使います。相手に価
値を入れて、値札をつけ、それに合わせた態度をとるのです。
誰にでも慢はありますから、自覚をしていなくても、機関銃で誰かを撃っていま
す。慢が強ければ、たくさん撃っていることになります。
自分が撃てば撃つほど、周囲も撃ってくるので、激しい撃ち合いになって、精神

的に大きなケガを負うことになります。

不安になればもっと撃ちたくなりますから、ますます大変な状況になります。撃ち合いが激しくなれば、さらに不安になります
精神的な大ケガを避けるためには、自分の中にも、また他人の中にも、例外なく慢があるのだと理解することが大切です。

そして、自分はなるべく機関銃を使わないように、気をつける必要があります。自分が撃たなければ、激しい撃ち合いは起こりません。弾を避けることもできるでしょう。

世の中は、世の中の法則に従って流れています。自分の希望どおりに流れるわけではありません。

当たり前です。電車に乗ったとき、あなたが座りたくても、座席が空いているとは限りません。自動車に乗って急いでいても、渋滞に巻き込まれることはあります。ランチを食べに訪れたレストランが満席で、入れないこともあるでしょう。どんなに健康に気をつけていても、風邪を引くことはあります。

世界は、私を中心にして回っているわけではありません。

世界の中に私がいるのです。客観的に見れば当たり前のことですが、それを理解していない人があまりにも多いのです。

第2章

不安のしくみ
——自己評価の
カラクリを知る

「測る」心は3種類

自分の中にあるハカリを使って、自我の値を測る「慢」。それは自己評価の煩悩であり、誰の心の中にも存在するものです。この慢には、いくつかの種類があるとされています。

仏教の世界には、心の働きについてよく観察して、細かく分類するという伝統があるのです。

第1章では、人は自分と他人とを測ってから、自分の存在を「**重い・等しい・軽い**」という三つのカテゴリーに分類する、という話をしました。仏教心理学では、この3種類を「**高慢・同等慢・卑下慢**」と呼んでいます。

自分の心が高慢の状態なのか、あるいは同等慢か、卑下慢か。慢の状態は、常に変動しています。たとえばAさんに会ったとき、Aさんと自分を天秤にのせて「私はAさんよりも下」という価値のバーコードをつけたとしましょう。これは、卑下慢です。

次にBさんと会って、Bさんと自分とを測ったところ、「私はBさんよりも上」と結論づけたとします。Aさんのときに貼った卑下慢のバーコードを外して、今度は高慢のバーコードをつけたことになります。

今度はCさんに会います。Cさんと自分を測って、「私はCさんと同程度」とジャッジしたならば、高慢のバーコードを外して同等慢のバーコードを新しくつけたことになります。

このように、私たちは自分と他人とを測り、自分にバーコードをつけては外す、外してはまたつけるということをずっと続けています。

自分の価値を高く感じたかと思えば、次の瞬間には低く感じている。自我の値は常に変動するもので、とても不安定です。このように、慢は高慢、同等慢、卑下慢の三つの間で絶えず変動しているのです。

心にある「慢」は9種類

慢は「高慢・同等慢・卑下慢」の三つに分類するだけではなく、さらに細かく分けることができます。慢は本来〝測る〟という一つの働きしかしていないのですが、私たちの見方によって、その種類が変化するのです。

基本となるのは、自分は他人よりも優れているとする高慢、自分は他人と等しいとする同等慢、自分は他人よりも劣っているとする卑下慢です。それが比較する相手によって枝分かれしします。

◎**「優れた人」と自分を比較**

- 優れた人よりも自分は優れている①
- 優れた人と自分は等しい②

・優れた人よりも自分は劣っている③

◎**「等しい人」と自分を比較**

・等しい人よりも自分は優れている④
・等しい人と自分は等しい⑤
・等しい人よりも自分は劣っている⑥

◎**「卑しい人」と自分を比較**

・卑しい人よりも自分は優れている⑦
・卑しい人と自分は等しい⑧
・卑しい人よりも自分は劣っている⑨

自分の中の慢を発見する

慢を細かく分類してリストにしましたが、それぞれの慢を発見するのはなかなか難しい仕事です。自分は他人よりも優れているとする高慢、自分は他人と等しいとする同等慢、自分は他人よりも劣っているとする卑下慢の三つの慢は誰にでもあるものですし、比較的わかりやすいと思いますが、9種類の慢を発見するのは、それに比べると難しい作業になるでしょう。

慢を詳しく理解するために便利なのが、**〝思っていたのに〟**という言葉です。〝思っていたのに〟という言葉を加えると、心に9種類の慢があることがよく見えてくるでしょう。

たとえば、「私はあの人より優れていて、できる人間で、偉いのだと〝思っていたのに〟実は劣っている」といった具合です。こうした心の動きは、日常的に起こっています。

「私はあの優れた人よりも劣っていると〝思っていたのに〟実は優れている」というのは、**優れた人と比較して、その人よりも自分は優れていると測っている**①の慢です。

「私はあの優れている人よりも勉強ができると〝思っていたのに〟自分のほうが劣っている」というのは、**優れている人よりも自分は劣っているという**③の慢です。

こうやって、〝思っていたのに〟という言葉を使うと、慢をより発見しやすくなります。慢が発見できれば、「むやみに慢を使わないようにしよう」「慢を使うことを控えよう」と自分で戒められるはずです。

慢を使った激しい撃ち合いをして、精神の大ケガをすることを避けるためにも、まずは慢を知ることが大切です。

慢があることを認められなければ、撃つことも止められません。いつまでもやみくもに撃ち合う羽目になるのです。

「平等」と勘違いしやすい同等慢

「同等慢」というのは、「平等」と勘違いしてしまう可能性があります。同等慢は、「私もあなたと同じだ」と威張ることです。お互いさまだと威張り合うこと。

たとえば、子どもたちが兄弟ゲンカをするでしょう。そのとき、同等慢が働いていることがよくあります。先に生まれた兄がちょっと上の立場をとると、後から生まれた弟は「同じじゃないか」と腹が立つのです。それでケンカになります。兄弟で親を独り占めにしようと競争したりします。そうすると親が「あなたたち、お母さんにとって兄弟二人は同じですよ」と言うと、兄弟は気持ち悪くなるのです。それぞれに「いいや、ボクがいちばんだ」という気持ちが隠れているのです。そのときの心の葛藤などは同等慢から出てくるものです。

同等慢の問題は、日常茶飯事に起きています。たとえば上司が、3、4人いる部下に仕事を頼む場合、そのうちの一人が、よく見ると上司は他の部下にはけっこう仕事を頼んでいる。「あれ？ 自分にはなかなか仕事が来ないな、なぜだ！」「俺は無視されているのか？」と、部下たちが互いに腹を立ててケンカしたり、足を引っ張り合ったり、同等慢のせいで心の中で次から次に葛藤が生まれてくるのです。慢が原因で、怒り・悩み・苦しみ・憎しみ・恨みなどが出てきます。相手と自分を比較して「**相手と私は同じなのになぜ？**」という見方をしてしまうのです。

高慢な人に「あなた、ちょっと高慢じゃないですか！」と言うと、言われた相手は自分を正当化しようとはしないと思います。または「あなた、それは卑下慢ですよ」と言うと、相手が「そうだな、自分を卑下しないほうがいい」と思うのです。

同等慢の場合は、そうなりません。「お互いさまだろう」と比較して、理解しようとするのです。本当はいちばんタチが悪い慢なのです。ですから、日常生活の中で、ご自身で同等慢のケースを発見してみてください。そうすると理解が深まります。

同等慢はなぜ悪い？

自我といえるものは幻覚でしかありません。人格もまた、瞬間・瞬間に変わっていくのです。それを誰と比較できるというのでしょうか？　同等慢というものは、そもそも成り立たないのです。**自分という人格は瞬間で変わりつつある**のにもかかわらず、どうして「あの人と同じ」ということがいえるのでしょうか？

それらは自我という錯覚が成せる業です。「変わらない自分がいる」という誤解によって起こる現象なのです。同等慢もまた、無常の論理に逆らっていることになります。真理に逆らうことは悪・罪なのです。

自己評価――「慢」は悪いこと？

誰もが持っている、慢という自己評価の感情は悪いものなのでしょうか？　仏教では、慢は煩悩であり、克服すべき悪感情として扱っています。しかし、世俗のレベルから見ると〝条件による〟といえるでしょう。慢には明らかに、悪感情として働く場合もあり、一概に悪いと決められない場合もあるのです。

人格を向上させるために、感情ではなく理性によって自他を測ることはかまいません。「自分を育て、立派なよい人間に成長したい」と思うなら、比較することも必要です。人格的に立派な人をモデルにして、自分もそれに向かって精進するのもよいことです。

理性を使って自他を測り、「自分はこのままではダメだ。努力して向上しなくてはいけない」と心を育てるならば、慢は悪いものとはいえないでしょう。理性に拠っていること、自分を成長させるために用いること、この条件が守られているならば、問題にはなりません。

自我を肯定する慢は悪

一方で、**自我を肯定するために測るのは悪行為です**。測ることによって心に悪い感情が生まれたり、自我が強化されて事実を客観視する能力が衰えていったりするならば、それは悪い慢なのだと断言できます。

私たちはいつでも他人と比べて、ああだこうだと考えています。たとえば、会社の同僚におしゃれで美人の女性がいるとしましょう。まわりの人からいつもチヤホヤされていますが、仕事はできないし、能力も持ち合わせていないようです。ところがその人が失敗しても、美人だからという理由で、上司は怒りもせず許してしまう。おまけに「この仕事は、あなたが代わりにやってください」と、その同僚がやるはずだった仕事が回ってきたりもする。

そうなると、あなたは「なんで私があの人の仕事までしなければならないんだ。

ちょっと美人だからといって、嫌な仕事を全部パスするつもりなのか」などと考えて、腹を立てるのです。

さらに、その美人の同僚は、商談があるからと言って、社長と一緒に高級車に乗って出かけていきました。商談の場では、ただ社長の隣に座っているだけが彼女の仕事です。一方、自分は会社に残って彼女の分まで仕事をしなければいけない。「あの人は仕事ができないのに、おしゃれな服を着て高級車で出かけた。なんで彼女の仕事をしなくてはいけないのか」と、さらに腹を立てます。

自分と他人を測ったばかりに怒りや嫉妬が生まれるというのは、決してめずらしいことではありません。

たとえば、同期入社の社員の中で自分だけ出世が遅れて、「なぜ同じように仕事をしているのに自分だけが出世できないのか」と腹を立てる。

アルバイトを始めたら、若いからという理由で時給が自分だけ低く、「どうして仕事の内容は同じなのに給料が違うのか」と怒りを覚える。

転職してきた自分よりも若い人が自分の上司になり、「あの人は自分より若くて経験がない。この会社のことも詳しくないのに、どうして自分が部下にならなければいけないんだ」とイライラする。

健康に人一倍気を遣ってきたのに病気にかかり、好きなものを好きなだけ食べて飲んで運動もしていない元気な人を見て「私のほうが正しい生活をしているのに、どうして病気にかからなければいけないんだ」と嘆く。

ろくに働かないのに、両親が裕福なおかげで悠々自適な生活をしている人を見て、「私はこんなに必死に働いているのに、どうしてあの人よりも貧しい生活をしなければいけないのだろう」と、がっかりする。

そういった気持ちに覚えがある人は多いのではないでしょうか？　このように、**自分と他人を測ったときに怒りや嫉妬が生まれて気分が悪くなるならば、その慢は間違いなく悪性です**。

測ることで心が病気になってしまう、悪い慢なのです。

自分と他人を測ることで、負の感情が生まれたら気をつけなくてはいけません。

それはやがてあなたを破壊してしまうのです。

どんな「慢」が起こるかは状況次第

慢には九つの種類があるという話をしました。これらが起こるのに順番や規則はありません。高慢の次に同等慢が起こり、同等慢の次に卑下慢が起こる、というようには決まっていないのです。

そのときどきの感情や妄想、体調、環境などの状況によって九つの慢の中から一つが起こります。順番や規則に従うわけではなく「誰に会ったのか」「自分の精神状態がどうだったのか」といった状況によるのです。**状況によって高慢になったり、卑下慢になったりクルクル変わるということです。**

たとえば、普段は能力に溢れてバリバリ仕事をして、「私はこの会社で誰よりも仕事ができる。この会社の稼ぎ頭だ」と自信満々な人でも、少し落ち込んでしまうと「私なんかダメだ、どうせ失敗するだろう」という気分になります。高慢が卑下慢に入れ替わったということですね。

また、普段は自分に自信がなくて、「同僚はみんな自分よりも優秀だ。大きな仕事は自分がやらないほうがいい」と思っている人も、気分爽快で舞い上がっているときには高慢になります。

本来、その仕事をこなす能力がなかったとしても、「私がやります。大丈夫です。任せてください」という大きな態度をとるのです。

同じ仕事仲間に対しても、自分の仕事の調子がいいときは「あの人よりも私のほうが、仕事ができる。会社に貢献している」と高慢になりますし、自分が仕事で失敗した直後だったりすれば、「私はあの人よりも仕事ができない。足を引っ張ってばかりだ」と卑下慢になるのです。

客観的に自分の心を見れば、高慢になっているときもあれば、卑下慢になっているときもあると気づくでしょう。

自分の中にどんな慢が起こるかは状況次第です。決して一定ではないのです。

癖がやがて性格になる

生命の心には、「癖がつく」という特色があります。**慢の癖がつくと、いつしかそれが性格となって根付いてしまいます**。慢のパターンができて、固定化されてしまうのです。これは気をつけなければならないポイントです。

学生時代を思い出してみてください。新しい漢字や英単語を覚えるとき、何度も読んだり書いたりしたのではないでしょうか？　スポーツを学ぶときも基礎的な動作を何度も反復したでしょう。あれは癖をつけているのです。勉強をして、それを身につけるというのは癖をつけることなのです。

最近は、形状記憶の生地でできたYシャツなどがあります。折り目や縮れなどがついても水をつけて乾かすと、元の記憶されている形状に戻るように加工されているシャツです。シワにならないのでアイロンをかける必要もなく、洗って干せば元に戻るというものです。

脳にも、学んだ形状を記憶する力があります。これが勉強であり、学ぶということです。繰り返すことで脳に癖がつき、その形状を覚えるのです。

慢も同様です。慢を繰り返しているとどんどん強くなって癖がつき、それが性格のようになってしまうのです。これは、かなり危険なことです。

卑下慢を繰り返していると、心が卑下慢に慣れてしまいます。慣れると卑下慢であることが当たり前になって、それが癖になります。慣れによって癖がつくと、それが性格になってしまうのです。高慢になる傾向が強い人、卑下慢になる傾向が強い人は、よく気をつけなくてはいけません。

前にも説明をしましたが、自分で自分につける価値は絶えず変化しているのです。決して一定ではありません。状況次第で高慢になることもあれば、卑下慢になることもあります。

一日過ごすあいだにも、コロコロと変わります。Aさんに対して高慢になったかと思えば、次の瞬間、Bさんに対して卑下慢になる。そうかと思えば今度はCさんに対して同等慢になり、Dさんに対して高慢になる。これがごく普通の心です。

慢を性格にしない

しかし、高慢になる頻度が高くなると、徐々に高慢であることに慣れて、癖になります。そこで問題が起こります。高慢な人だと思われると、周囲の人から嫌がられ、煙たがられるようになるのです。

高慢が強い人でも、四六時中、ずっと高慢でいるわけではありません。高慢の時間が長かったとしても、ときどき卑下慢や同等慢になることはあります。誰しも中身は絶えず変化をしていて、悩んだり、落ち込んだり、自信がなくなることはあるのです。

それでも、周囲の人から「あいつは高慢だ」という評価を受けてしまうと、自分が悩んで落ち込んでいるときに誰も助けてくれなくなります。「あんな高慢なやつは放っておけばいい」という感じになってしまうのです。

誰にでも慢はありますが、慢が偏って、それが性格になってしまわないように注意しなければいけないのです。

特定の慢の傾向が強くなると、周囲から「悲観主義者」「被害妄想が強い」「傲慢だ」「頑固者だ」などと言われるようになります。慢の癖は、すぐに周囲にバレてしまいます。自分よりも早く、まわりがそれに気づくことが多いでしょう。自分ではそう思っていなくても、まわりから「傲慢だ」と指さされるのはよくある話です。

悲観主義者の場合、その人は何をしても、どこへ行っても、何かにつけて不平を言ったり否定したりします。

たとえば「これはダイヤモンドです。すごくいいものですよ」と言われたときに「でもたかが2カラットでしょ」とケチをつけるのです。外食をしたときに「このお寿司はとても美味しいですね」と言われると「高いのだから当たり前。もっと美味しい店がある」などと返すわけです。

会社で会議をして、意見を求められると「そんなことできるわけない。おもしろくない。予算がかかり過ぎる。売れるわけがない」などと、否定的なことばかりを繰り返します。

自分の慢を確認して、癖になるのを予防する

悲観主義者は、物事をマイナスのほうへマイナスのほうへと受け止めます。言動や態度に現れるので、それでまわりの人たちに性格がバレてしまいます。悲観主義者というレッテルを貼られてしまうと大変です。そもそもネガティブなことばかり言う人とは、誰もつき合いたくありません。ごはんを一緒に食べても美味しく感じられないし、一緒に遊んでも楽しくないからです。

高慢の癖が強くなると、その人は精神的な病気に陥ります。世の中には、「私は神だ」とか、「ブッダの生まれ変わりだ」などと喧伝《けんでん》している人もいますが、そういう類の人は高慢のかたまりで、人の話をまったく聞こうとしません。人の話を聞かないというのは、度を越した高慢です。もう治しようのないレベルです。好き好んで、人の話を聞かない人と一緒にいたいと思う人はいないでしょう。

卑下慢も高慢も、決して癖にしてはいけないのです。

不安になることが多い、自分に自信がないという人は、卑下慢が癖にならないよ

うに注意しなくてはいけません。「私はダメだ、また失敗した、ミスを繰り返しそうで不安だ、与えられた仕事ができる自信がない」などと、毎日繰り返していると、自分のことが何の役にも立たない人間だと思うようになってしまいます。

周囲の人も、ネガティブな人、暗い人とはあまり一緒にいたくありませんから、コミュニケーションを控え、最終的には避けるようになります。

コミュニケーションを周囲から切られると、社会で生きていくことが大変になってしまいます。卑下慢の度が過ぎれば、家族でさえ「家から早く出ていってくれ」という態度で接してくるようになります。暗くてネガティブな人を積極的に採用する会社はありませんから、仕事を失ってしまうことも考えられます。

周囲の人々が離れていくと、心はますます不安になり、卑下慢の性格もさらに強くなってしまうでしょう。

慢が癖になっていない場合は、状況によってその都度、さまざまな慢が現れます。それをよく観察すれば、「今、自我が強くなって高慢になっている」「今、落ち込んで卑下慢になっている」などと自分で発見することができます。測って比べること自体をよいこととはいえませんが、**慢が起こったときに確認しておけば、特定の慢**

が癖になるのを予防することができます。

高慢になる回数が多い、卑下慢になってばかりいる、と気づけるならば、それを抑えるように心がければいいのです。

特定の慢が強固な性格になる

慢は誰にでもある感情ですが、特定の慢が癖になって、強固な性格になってしまうと、もう終わりです。そうならないように気をつけなくてはいけません。

悲観主義者に拍車がかかると、何を言われてもマイナスに捉えるようになります。たとえば「お元気ですか？　今日は顔色がいいですね」と挨拶をされたとしましょう。普通の状態なら「ありがとうございます。あなたは元気ですか？」といった返事をすると思いますが、「昨日は会っていないのに、どうして今日の顔色がいいなんてわかるのか！」などと反論してしまいます。あなたが挨拶をしたときに、そんな返事をされたらどうしますか？　少しでも距離をとりたくなるでしょう。

食事の席で、友人に冗談で「お前って馬鹿だなぁ」と言われたとしましょう。普通なら笑って返せば話は終わりです。ですが、心が傲慢になっていると「なんでお前に馬鹿なんて言われなければいけないんだ！」と怒り出すわけです。これでは冗談が通じない相手、他愛もない話ができない相手だと思われて、食事に誘われなくなるでしょう。慢が癖になると、孤独になっていくのです。

ときどき高慢になり、ときどき卑下慢になる。ときには落ち込み、ときには舞い上がる。

このように、しょっちゅう変わる慢はそれほど危険ではありません。周囲からコミュニケーションを切られるまでにはならないと思います。機嫌が悪く傲慢な態度をとってしまったとしても、まわりの人も「そのうちおさまるだろう」と待ってくれるでしょうし、謝ればすぐに許してもらえるでしょう。

周囲から見放されて孤独に陥らないためにも、特定の慢が癖になっていないか、いつも自分を観察するようにしてください。

自分に「価値」をつけないと生きられない

繰り返しの説明になりますが、慢とは「自分の存在価値を測ること」です。自分の価値はどの程度なのかと測る心理的な働きです。生きている限り、誰にでも「**自我意識＝自分がいるという実感**」があります。生命は別々に独立し、個で成り立っていますが、その一つひとつの個に、「自分がいるという実感」があるのです。これは「自分のことを知っている」という意味です。そして、この「自分がいるという実感」に価値をつけると、曲者《くせもの》の慢に変質するのです。

私たちは言葉を理解していない赤ちゃんの頃から、「自分がいる」という実感を持っています。音を聞けば「私は聞きました」、何かを見れば「私は見ました」、食事をすれば「私は味わいました」と無意識に変換するので、何をしても「私」という意識がつきまとうようになるのです。

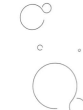

成長するにつれてその自我意識は肥大し、いつしか「私」という不変の存在が実際にあるのだと思い込むようになります。しかし、本当に「私」など存在するのでしょうか？　じつは、「自分がいるという実感」は思い込みなのです。私の体、私の感覚、私の思考……。これらは捏造《ねつぞう》された錯覚に過ぎないのです。

「私」の存在は錯覚。変わらない「私」は存在しない

これまで当たり前のように思っていた自我、つまり「私」という存在が錯覚だと指摘されても、あまりピンとこないかもしれません。ぜんぜん納得できない、という人もいるでしょう。でも、よく考えてみてください。生命を構成している細胞は常に分裂と死滅を繰り返しています。一瞬たりとも同じではありません。「私」を形づくっている筋肉・骨・臓器・血液も、さらに心も、絶えず変化を続けています。**昨日と今日の「私」は違いますし、もっと言えば今の「私」と1秒後の「私」も違います。**

自我の実在は、科学的に証明されていません。脳の組織を隅々まで調べてみても、

いのです。

自我がどこに存在しているかわかりません。「私」の存在は錯覚といわざるを得ないのです。

体は絶えず変化をし続け、感情も変化し続けています。さっきの私の体と今の私の体は別ものですし、さっきの心と今の心も別ものです。**「私」と思い込まれているものは、無常な、変化し続けている現象に過ぎず、そこに確固たる実体は見出せないのです。**

ところが、人間が築き上げた社会は、錯覚である「自我」を中心に回っています。「私の名前は○○です。○○会社で働いています」などと自己紹介をする際には、変わらない自分という前提条件が必要となります。そして、変わらない他者という前提も不可欠です。

「私」という言葉は、どの言語にも存在します。自我があるという錯覚を前提にして社会が回っているのだから、「自分が存在しない」という事実に納得できない人がいるのも当然です。しかし「私」という言葉は、コミュニケーションを円滑にし、社会を上手く回すための実用的な道具に過ぎません。**「私」という言葉があるから「私」が存在する、ということにはならないのです。**

ここまでの説明を読んでも、「自我は錯覚である」というブッダの教えに納得できないかもしれません。自我の錯覚から目覚めるのは、それだけ難しいことなのです。とはいえ、自我が錯覚だというのは単なる観念ではなく、ありのままの事実です。仏教の教えを学んで実践すれば、誰もが必ず理解できることなのです。仏教が目指す「悟り」「解脱《げだつ》」とは、自我は錯覚であると体験した状態を指すのです。

私たちにとって、「私がいる」と感じることはどうしようもありません。自分が生きているという実感は、四六時中あります。これは生きている限り、仕方がないことです。**人間に限らず、どんな生命にも「自分がいる」という実感があるのです。この実感がある限り、次に「私にはどの程度の価値があるのか」と知りたくなります。**ここに慢という悪感情が割り込んでくるのです。

私たちは、価値をつけなければ生きていられません。「私は生きていますが、何者でもありません」という気分では生きていられません。生きるためには何か価値が必要なのです。

それでも、「**その価値をつけようとする〈私〉はそもそも錯覚かもしれない**」と思うことができれば、悪しき慢を繁殖させる「心の隙」も小さくなるでしょう。

どんな行動にも価値をつけている

私たちはありとあらゆる行動に価値をつけています。価値をつけないと安心できないし、何も行動できなくなるのです。すべてを測り、価値をつけているといわれると「そんなことはない」と思う人がいるかもしれません。しかし、自分の行動を調べてみれば、些細《ささい》なことにも価値をつけていることを発見できます。

コーヒーを飲みたくなったとしましょう。家にはインスタントのコーヒーと、ドリップバッグのコーヒー、それからコーヒー豆があります。今からどれを飲もうかと考えた瞬間にも、私たちは価値をつけています。

客観的に見れば、豆から挽いて淹《い》れたコーヒーがいちばん美味しいに決まっています。次にドリップバッグのコーヒー、インスタントコーヒーは最下位でしょう。

では、いつでもコーヒーメーカーで豆を挽いて飲むでしょうか？　あるいはインスタントコーヒーばかり飲んでいるでしょうか？　そんなことはないと思います。

客観的な味のよさや豆を挽く行為に価値をつけて、豆を挽いてじっくりコーヒーを淹れるときもあるでしょうし、手軽さと味のバランスに価値をつけてドリップコーヒーを飲むときもあるでしょう。とにかく早く飲みたいからとインスタントコーヒーを選ぶ場合もあるでしょう。もしかしたら気分転換を兼ねようと、近所のカフェまで出かけるかもしれません。

私たちは何気なくコーヒーを飲もうと思ったときにも、瞬時に価値をつけて物事を選択をしているのです。

価値をつけられないと、カフェで注文することもできません。ホットにするか、アイスにするか、あるいはカフェラテにするかを決めなければいけないのです。お店によっては、ホットコーヒーも1種類ではありません。ブルーマウンテン、コナ、キリマンジャロ、グアテマラなど複数の豆を用意してあるお店なら、その中から一つ選ぶ必要があります。価格が違うこともあるでしょう。

「今日は暑いから」という理由で冷たいものに価値をつければ、アイスコーヒーを選ぶでしょうし、「酸味が強いのを飲みたいな」と思ったらコナをチョイスするのではないでしょうか?

秒単位で価値をつけて生きている

食事をするときも同様です。ランチを食べるときに「最近野菜が足りていない」と感じていたら、野菜に価値をつけてサラダを頼みます。「疲れているから甘いものが食べたい」と思ったら、ケーキなどに価値をつけて、食後にデザートを頼むでしょう。「残業で頑張ったから発散したい」という気持ちがあれば、夕食をとる際にお酒が飲める場所を選ぶのです。

休日の行動だってそうです。二度寝をするのか、友人に会いにいくのか、家でゲームをするのか。価値をつけて選択しています。

あなたが本を読んでいたとしましょう。しばらくすると、録画をしていたテレビのドラマが観たくなって、テレビのスイッチを入れます。そちらに価値をつけたのです。しばらくすると、本の続きが気になり始めて、今度はテレビを消して、本を開きます。本に価値をつけ替えたのです。さらに、ずっと座り続けていたから腰が痛くなると、ストレッチやウォーキングを始めます。体を動かすことに価値をつけたのです。

このように、**どんな行動にも価値が介在しています**。それが生きているということなのです。私たちは秒単位で何かに価値をつけています。ひっきりなしに価値をつけること抜きには、生きていられないのです。

そういうわけで、普通に生きている限り、慢をなくすことはできません。せめて暴走しないように、悪性にならないように、上手につき合っていくしかないのです。

そのためには、誰もが慢という感情を持っていることを知って、慢の危険性を正しく知る必要があるのです。知らないものをコントロールすることはできないからです。

価値をつけて生きることは、本能であり不可欠なこと

人は、あらゆるものに価値をつけて生きています。つまり、慢を使って生きているのです。そこで、「慢とは生得的な本能なのか？」という疑問が生まれてくるでしょう。

輪廻転生《りんねてんしょう》する生命にとって、慢は本能です。生きている限り慢はありますし、慢は不可欠なものです。ですから、仏教では「悟りの最終段階である阿羅漢果《あらかんか》に達するまで、慢は消えない」と教えているのです。阿羅漢果に達したときにはすべての煩悩が消えるので、慢も消えます。阿羅漢果に達すれば、もう輪廻転生することはありません。輪廻からの解脱を果たすのです。

このように、完全な悟りに達するまでは、慢の鎖を外すことができないのです。私たちは、鎖で縛られたまま生きているともいえるでしょう。

慢がある限り、私たちは「自分の価値はどのぐらいなのか？」と、ずっと測り続けなければなりません。「私はこういうものだ」と自我を確立するために、不特定多数の他人と比較して測り続けます。会う人、会う人と自分を測り、高慢になったり、卑下慢になったりします。

結果として精神的にくたくたになって、心はまったく落ち着きません。**不安をなくすために測ったのに、測った結果また不安が膨らんでしまう。そして、その不安は限りなく回転していきます。**常に不安がつきまとう状態に陥るのです。

だからといって、回転を止めることはできません。生きている限り、どうしようもないのです。これが輪廻というものです。

人生とは、悪循環で成り立っているものなのです。私たちが思っているほど、輪廻の世界は単純なものではありません。世の中の何を見ても、どこを見ても、悪循環の回転が顔をのぞかせているのです。この悪循環に終わりはなく、キリがありません。

「限りなく回転し続けるからこそ、輪廻は恐ろしいのだ」とブッダは説くのです。

トラブルを引き起こす迷惑な本能

生命にとって慢は本能で、欠かすことができない感情です。自分に価値をつけなければ生きていけないのですが、慢はさまざまなトラブルを引き起こす原因にもなります。

生命に備わっている本能なのであれば、迷惑をかけないでほしい、トラブルなんて起こさないでほしいと言いたいところですが、それは聞き入れてもらえません。「あなた本能なのでしょう。本能がなければ生きていられないのだから、大人しくしていてください」と言っても、大人しくしてはくれません。

慢は常に暴走したり、悪性になったりする可能性を秘めています。たとえば、生命は遺伝子を設計図として成り立っています。細胞の中に核があり、その中に染色体があり、染色体内に遺伝子があります。遺伝子がなければ体をつくることができないので、遺伝子なしには生きられません。

しかし、ガンになるのも遺伝子があるからですし、老いることも遺伝子の仕業。

いい加減にしろと言ったところで、遺伝子の働きは止まりません。

それどころか遺伝子の勝手で、髪の毛が抜け落ちたり、白髪が増えたり、糖尿病にかかったり、高血圧になったりします。

私たちの「健康でいたい、長生きしたい、いつまでも若々しくいたい」といった希望を遺伝子が聞いてくれることはありません。体のことだと現れる症状がわかりやすいこともあり、多くの人がそれを受け入れています。若いうちに髪の毛が抜け落ちたり、白髪が増えたりしても「遺伝だから仕方がない」と思うわけです。

心にも「それがなければ心が成り立たない」という遺伝子のようなものがあります。その一つが慢です。これが非常に曲者なのです。

物事に価値をつけているのは、心です。当然のことですが、慢は体ではなく、心にあります。手足ではなく心にある、心の機能なのです。肉体が肉体に価値をつけることはしません。**心が肉体に価値をつけているのです。**

遺伝子と同じように、生命には慢が欠かせません。同時に、その慢が心の病気を引き起こす原因にもなります。

慢があるからこそ不安になり、心配して悩むのです。

生きるために欠かせない本能の慢が、私たちを裏切って、破壊へと陥れるというのは皮肉な話です。

慢は油断すると暴走し、悪性になって私たちを破滅に追いやります。そうならないためにも、私たちは自分の心の慢に注意しなければいけないのです。

生きるうえで欠かせないものでも、トラブルの原因になるというのは、慢に限ったことではありません。たとえば「食べる」という行為もそうです。

当たり前ですが、ものを食べて栄養を摂取することは生きるうえで欠かせません。食べなければ死んでしまいます。

しかし、好きなものを好きなだけ食べていたら、肥満になったり、高血圧になったり、糖尿病になったり、痛風になったりします。だからといって、何も食べないわけにはいきません。

大切なのは、自分が生きるために必要な適量を食べることです。食事をコントロールする必要があるのです。

「眠る」という行為も同様です。人それぞれ適切な睡眠時間があります。多過ぎても少な過ぎても、ダメなのです。「つまらないから寝てしまおう」「暇だから二度寝しよう」と、時間があるだけ惰眠を貪っていいわけではありません。

「もっと遊びたいから」「仕事が終わらないから」と睡眠時間を削ってしまえば、体調を崩すことになるでしょう。体が疲れているから、必要なだけ休ませようという気持ちで寝て、体が十分に休んだなら起きて活動を始めればいいのです。

同じように、慢もコントロールしなくてはいけない感情なのです。

自分の中の測りを知ってコントロールする

仏教に限らず「わがままは悪い」「自我を張るのは悪い」「傲慢になってはいけない」ということは誰でも言っていますし、社会の常識にもなっています。慢が悪いことはみんなが知っている事実なのです。

慢が悪性になると、心に自分勝手な感情が繁殖します。理性や客観性には居場所がなくなって、自分のことしか見えなくなるのです。自分のことしか見えなくなると、何をやっても悪い結果が待っています。これはかなり危険な状態です。

慢は本能ですが、人それぞれ強さが違います。慢が弱い人もいれば、強い人もいます。これも他の本能と同じです。食欲がとても強い人もいれば、それほどでもない人もいるでしょう。個人差がありますし、日によって強くなったり、弱くなったりもします。

そして、慢の強弱は次のように分けることができます。

◎潜在的な慢

表面に現れておらず、潜在状態にある慢です。瞑想をして煩悩をなくし、悟りに達した阿羅漢果であれば慢は消えていますが、その境地に達していなければ、一見ないように見えても、潜在的に慢が存在します。

◎普通に現れている慢

毎日24時間、常にある自我意識が、通常の慢です。私たちは常に心の中の天秤を使って測り、比べています。でも、それを意識しておらず、気づいていません。「これが慢だ」とはわからずに生きているのです。

◎強い慢

慢が強い場合、自分で慢に気づける可能性があります。普段とは違って心が落ち込んでいたり、舞い上がったりしているとき、「今自我を張っているのではないか」と感じる可能性があるのです。慢をコントロールし、悪性にしないためにはこのときに気づくことが大切です。「今自分は落ち込んでいる」「今自分は舞い上がっている」と明確に気づくことができれば、慢を管理できます。

◎異常な慢

慢が強くなって異常になると、周囲の人にもそれが知られるようになります。「あの人は傲慢だ」とか「頑固者だ」とか「卑屈だ」などと言うことがありますが、それは慢が異常になって、他人に見え見えになっている状態です。明らかに態度が大きくなっていたり、過剰に悲観的になったりしているのに本人は気がついていません。しかし、周囲には漏れています。

他人に伝わるところまで慢が強くなっているのはとても危険で、それが異常な慢です。慢が性格になってしまっている状態です。傲慢だ、頑固だ、卑屈だと思われれば、自分のまわりから人が離れていきます。慢が異常なせいで、コミュニケーションが切られ、孤独になってしまうのです。

◎度を越した慢

慢が度を越したとき、人は罪を犯します。本人は気づいていません。頭が混乱して、狂った状態ですから、気づくわけがありません。そこまでの慢になると「気に入らない」といった程度のことで他人を殴ったり、「自分の言うとおりにならないから」と暴力を振るったりします。とても危険です。自分の慢が度を越さないように気をつけるのはもちろん、自分の周囲の人間の慢が度を越すことも気にかけなくてはいけません。周囲にいる人間の慢が度を越したら、自分も危険ですし、それだけで頭痛の種になります。慢が度を越すと、何をしでかすかわからないのです。

慢は誰にでもある感情で、容易に消すことはできません。それでも、他人に伝わらない程度のレベルにコントロールして抑えることが、社会の中で生きるうえで大切なのです。「あの人は他人の話を何も聞かない。わがままで身勝手な人だ」「あの人はとても卑屈で、一緒にいるとこちらも暗い気持ちになってしまう」などと周囲に思われたら危険です。私たちは、慢が癖になって異常な精神状態に陥らないよう注意しなければいけないのです。

「優しさ」を問えば、「慢」をチェックできる

自分の中の慢が強化されて、異常な慢や度を越した慢に育つと、とても危険です。そうならないためには、自分の中の慢がどの程度なのか知る必要があります。

慢は、体重や血圧のように機械で測って数値化することはできません。しかし、慢の程度を確認するリトマス試験紙のようなものがあります。それは「自分はどれだけの人に優しくできているか？」と問うことです。あなたはどれだけの人に優しく接していて、その人々の幸せを願っているでしょうか？

たとえば、自分の親に対して「健康でいてほしい。長生きしてほしい。楽しく生活してほしい。仕事などでよけいな苦労をしてほしくない」と願って、何かあればいつでも助けたいと考えているでしょうか？

家族や恋人に対して優しくするのは、それほど難しいことではないと思います。

では会社の同僚、上司、部下に対してはどうでしょう。優しく接することができていますか？

部下に対していつも怒鳴り散らしたり、上司に文句ばかり言ったりしていないでしょうか？

近所に住んでいる人たちに対してはどうでしょう。近所付き合いが面倒だと感じて周囲に冷たい態度をとったり、公園で遊ぶ子どもたちに「うるさい」などと声を荒げたりしていないでしょうか？

生きていられるのは周囲のおかげ

お釈迦さまは「真理を発見する智慧を開発すること」を説くと同時に、「一切の生命を慈しむこと」を教えています。私たちが生きていられるのは、自分以外の存在のおかげです。生命は単独で生きてはいけないのです。

人間は、動植物を食べることで生きています。他の生命のおかげで私たちの生命が支えられています。薬にしても、植物から抽出した成分は一般的に副作用が少ないものです。

命というのは、ひとりで成り立つものではありません。生まれて1週間生きていたら、1週間分周囲に助けられています。50年、60年と生きていたなら、それはどれだけ大きなものになるでしょうか？　私たちはたくさんの人に助けられ、たくさんの生命に支えられて生かされているのです。

ひとりでは生きられないのに、周囲に優しくできない、他の生命に感謝できないというのは、慢が強くなり過ぎている状態です。

もし、自分が自分以外に優しくできていない、家族にしか優しくできていないといった状態だとしたら、それは明確に危ないレベルです。いち早く自分の態度を改めなくてはいけません。家族にすら優しくできない人は、家にいても監獄にいるようなものです。「家に帰りたくない」「家にいても息苦しい」などと感じてしまうのですから。

家族以外に、仕事やプライベートでつき合いのある人にある程度優しくできているのであれば、まずまずといったところでしょう。

慢が強くなると、他者に優しくするのが面倒になります。逆をいえば、他者に優しく接しようと心掛ければ、慢を抑えることができるのです。

優しくする人を少しずつ増やしていく

家族、近所に住む人々、仕事仲間に優しくできたから、それで終わりではありません。優しくする相手を増やしていくことで、あなたはより巧みに慢をコントロールできるようになるでしょう。

その相手は人間だけではありません。飼っている犬や猫、公園の鳩やカラス、身のまわりの植物、さらに多くの人が苦手としているゴキブリまで。どんどん優しくする対象を増やしていきましょう。

私たち生命は支えあって生きているのですから、あなたが周囲に優しくすれば、あなたも優しくされるのです。逆に、他の生命に優しくできない人は、生命のネットワークから捨てられて孤立してしまうのです。

意識していなかった差別や区別に気づく

自分はどこまで相手のことを心配しているか、相手の気持ちをどこまで理解しようとしているか、相手の尊厳を守っているかについて、心の中でもかまわないので、チェックリストをつくって確認してみましょう。すると「Aさんはいつも私を助けてくれるし、私もAさんが悩んでいそうなときには連絡をしている」「Bさんは私をイライラさせることを言ってくるから、私もそのイライラをBさんにぶつけている」「Cさんとはそれほど仲がいいわけではないし、Cさんのことを特に心配したりすることはない」など、自分の接し方にばらつきがあることに気づくでしょう。

自分では、「私は誰にでも優しくしているよ」と思っても、いざチェックリストをつくってみると、微妙な差別や区別をしてしまっていることがわかるのです。おそらく、動物や植物に対しても差別や区別をしています。「犬や猫は懐いてきてかわいいけれど、カラスは怖いから嫌いだ」「蝶はきれいだけれど、ゴキブリは汚らしい」「芝生の庭は好きだけれど、雑草はなくなってほしい」などと思っているのではないでしょうか？

自分の中の差別や区別に気づくことは、他の生命に優しくするための第1ステップです。その気持ちに気づいたところで、なぜ差別や区別をしているのか考えてみてください。原因がわかれば、対処もできるようになるのです。

すべての生命が生きようと頑張っている

「ゴキブリなど見たくない」「カラスなどいなくなってほしい」などと思うのは、人間のエゴイズムですし、わがままです。「自分さえよければ」という自己中心的な感情であり、利己的で傲慢な考えです。

そもそもゴキブリは、人間が現れる以前から地球にいた生命です。ゴキブリから見れば、人間は自分たちより後からやってきた新参者で、自分たちを闇雲に殺そうとする凶暴で残酷な動物です。彼らがカサカサと素早く動き、すぐにどこかへ隠れてしまうのも、ただひたすら自分の身を守ろうとしているからです。嫌われ者のゴキブリだって、自然の食物連鎖の中にあります。さまざまな有機物をエサとして食べて、自分たちはカエルや猫などに食べられています。もしゴキブリが存在しなければ、自然のサイクルも狂ってしまうでしょう。

「カラスはゴミを漁るからけしからん」と思っている人がいるかもしれませんが、そもそもそのゴミを出したのは誰でしょうか？　それは私たち人間です。カラスは雑食で動物の死骸を食べてくれます。動物の死骸が放置されていれば、そこから雑菌やハエがわいて、森や街は汚れていく一方でしょう。カラスは死骸を食べることで、生態系の循環をきれいに保っています。動物の死骸を食べ、私たちが出すゴミを食べ、地球を掃除してくれる存在なのです。

人間は人間だけで生きていけません。他の生命とともにこの地球上に生きています。そして、それぞれの生命は必死に生き延びようとしています。人間の都合で差別や区別をするのは、生命に対して失礼な態度なのです。

微生物だって同じです。微生物の働きがなければ、味噌やヨーグルト、納豆などの発酵食品は存在しません。人間の腸内にはたくさんの細菌が棲み、私たちと共存しています。細菌がいなければ、私たちは健康に生きていくことができません。

新型コロナやインフルエンザなどのウイルスを必要以上に怖がって攻撃しても、勝てるわけがありません。仮に一部の微生物が繁殖したとしても、どこかでその勢いは収まります。それが自然のバランスなのです。

「すべての生命が、生きようと頑張っている」。そう考えれば、優しくできる対象が広がります。結果として、危険な慢を抑えることができるでしょう。

育てるべき知識・能力は「区別」

区別というのは、私たちの知識でもあり能力でもあります。育てるべきものです。脳は区別に反応します。「**物事の区別をどこまで知ることができるか**」ということが、その人の能力になるのです。私たちはこの世界で、いつでも区別することで勉強し、区別能力をいつでも使っています。たとえば、耳に何か触れると前の状態と区別する。それが音になります。ご飯を食べるとき、皿を食べたりしないでしょう？　ちゃんと食べられるもの・食べられないものを区別しているからです。魚を食べる場合なら、これは骨、これは肉と区別してより分けている。それができないと大変なことになりますね。

「物事の違うところが何か」と知る能力が区別です。物事に差がなく、まったく同じに見えたら脳は動きません。勉強するというのは、区別を学ぶこと・訓練することです。たとえば、数学を勉強する人には数学の難しい公式も区別がつきますが、何も知らない人には単なる数字の羅列でしかなく区別はできません。各自、それぞれの分野で専門知識を学んでいくのです。区別が知識とは言い切れませんが、区別能力があるほど、知識能力は成長します。ヴィパッサナー瞑想でも、最初に観察してもらうことで区別能力が発達します。その微妙な心理的プロセスを経て、究極的に区別（分別）能力が発達したところで、智慧が生まれて悟りに達するのです。

克服すべき主観の評価が「差別」であること

差別は主観で評価することです。「自分が」これがよい・これが悪いと評価する。それが差別なのです。たとえば、体格のよい人と体の小さな人がいたとします。小柄な方を見て「あなたは背が低いですね」というのは区別です。しかし、感情を入れて「おまえ、チビだなぁ」と貶《おとし》めるのは差別です。「体格が大きい」というのは区別で、「デブ」というのは差別です。主観で、感情で、傲慢な気持ちで相手を判断しようとすることです。〝自分は完璧〟という誤解がないと差別はできません。

感情寄りになると差別になりがちです。ただ、知識的・客観的に理解していく場合は「区別」です。良い・悪いという判断の場合も、あくまで条件つきなのです。たとえば何かの食べ物を、これは良い食べ物・悪い食べ物と、条件抜きにはいえません。「この食べ物は良くない、賞味期限が切れている」と言っても、それは人間には美味しく食べられないというだけ。他の生命は喜んで食べるかもしれません。良い・悪いを判断できるのはある条件の中でのことで、条件が変わればそれに応じて良い・悪いも変わります。ですから善悪の判断には気をつけないといけません。

生きとし生けるものに慈しみを

とはいえ、嫌な人や苦手な人に優しくすることは難しいかもしれません。でも落ち着いて理性で考えてみてください。嫌な相手に攻撃したり、怒ったり、非難したりしてもよいことはありません。気分が落ち込んで、最悪の気持ちになるだけです。結果として、自分が不幸に陥るのです。

嫌な人に優しく接することはできなくても、落ち着いた心を保って、相手を刺激したり、攻撃したりしないようにすることなら可能でしょう。それが結果的に、不安や怒りから自分の身を守ってくれることになります。

このように、ブッダの智慧をガイドにして「他の生命を慈しむのは当たり前のことだ」「他の生命の幸せを願う気持ちを育てなくては」と理解していけば、自分の中にじわじわと慈しみの気持ちが生まれてきます。

もし生まれてこないならば、「生きとし生けるものが幸せでありますように」という、あらゆる生命の幸福を願う言葉を繰り返し念じることで、頭のプログラムを入れ替えなくてはいけません。根気よく慈しみの言葉を念じ続けることで、やがてその心も身についてくるのです（「慈悲の瞑想」→２３７ページ）。

第3章

幸・不幸を司る「心」のしくみ
――自己評価と煩悩家族

「正しい」は人それぞれ

ここからは、慢という自己評価の煩悩が心に起こる、心理学的なしくみについて考察していきたいと思います。第1章でも触れたように、人間には自我意識があります。この自我意識は、私たちが眼・耳・鼻・舌・体（仏教用語では、眼耳鼻舌《げんにびぜっ》身《しん》）を使って外界を認識した結果として起こる錯覚です。私たちが認識を起こす過程で、自我意識という錯覚が副産物として生まれるのです。

私たちは、言葉を理解していない赤ちゃんの頃から「自分」という実感を持っています。何かを見れば「私は見た」と、音を聞けば「私は聞いた」と、食事をすれば「私は味わった」と、何かに触れれば「私は触れた」と瞬時に思います。**何をしていても、絶えず「私」という意識がつきまとうのです。**

私たちの眼・耳・鼻・舌・体に視覚・聴覚・嗅覚・味覚・触覚という感覚が起こ

る度に、「私がいる」という自我意識が生まれます。この自我意識は成長につれて肥大して、いつしか「私」という不変の実在があると思い込むようになります。この**「私がいる」という実感自体が、錯覚に過ぎないのだ**とブッダは説くのです。

事実、なんとなくアプリオリに（前提として）認められている自我の存在は、科学的に証明されたものではありません。体のどこを調べても、自我を司る細胞や遺伝子は見つからないのです。脳の中にも自我を担当する場所はありません。それでも体のすべての働きを総合的にまとめると、どこからともなく自我意識が現れ、自分を中心に生きることになるのです。

たとえば、誰かがあなたに何かを言ったとしましょう。それを嬉しく思ったり、侮辱だと感じたりするのは、自我があるためです。相手の放った言葉はただの音です。雨の音や風の音といった自然の音と何ら変わりません。しかし、**自我があるが故に快感や不快感が生じるのです**。

恋人に褒められて嬉しく思うのも、上司に怒られて落ち込むのも、馬鹿にされたと感じて怒るのも、嫉妬するのも、自我があるからです。人間関係のトラブルも互いに自我があるから起こるのです。

これは心の問題です。私たちは、視覚・聴覚・嗅覚・味覚・触覚を通して入ってくる情報を現象として組み立てて認識しています。現象として組み立てずに別々に認識することも可能なのですが、一度たりともそうしたためしがありません。心は常に「私がいる」という錯覚を前提にして働いています。人間は自我に支配・管理されて生きているともいえるでしょう。

「私」は変わっていきます。見るもの、味わうもの、触るものなどによっても変わっていきます。一瞬たりとも同じではありません。一貫した「私」はどこにもないのです。体も心も絶えず変化しています。

繰り返しになりますが、昨日と今日の「私」が同じであるというのは錯覚です。今まで食べたことのなかったものを食べて「信じられないぐらいおいしかった」と感じても、2回目に同じように感じることはないでしょう。若い頃に観て感動した映画を20年後に観たら、とてもつまらなかったということもあるでしょう。それは「私」は常に変化していて、同一の存在ではないからです。

人間に限らずあらゆる生命は、認識過程で生まれては消えてゆく無数の感覚を一つに束ねることで、「私がいる」という実感をつくります。やがてそれが「私」という確固たる実在を錯覚するところまで成長するのです。この錯覚は誰にでも起こるもので、生命の法則として不可避的に生まれてしまうのです。

自我意識が高慢の種になる

「私がいる」という自我意識は、自分に対して高い価値をつけます。どんな生命も、自分のことをいちばん愛していますから、自分に対して最も高い価値をつけます。自分の命に究極の価値をつけたところで、自我意識は高慢という煩悩に化けるのです。

第2章で説明したように、慢は「高慢・同等慢・卑下慢」に分類されます。しかし、**「私がいる」という自我意識を持った時点で、誰でも自我意識という高慢の種を持っているのです**。高慢の種を育てることで、それが卑下慢や同等慢に変化します。

ただ、生命はもともと高慢だというと、少々論理的に問題があるので、高慢ではなく、慢というニュートラルな用語を使っています。慢の度合いが強いことを高慢と呼ぶのです。実際には、誰でも自分の命に対して究極の価値を入れていますから、慢の度合いは強くなります。そのため、一般論として「生命はおしなべて高慢である」ということもできるのです。

自覚しているか否かは別にして、誰もが自分に究極の価値をつけ「私は偉い」「自分は世界一」と思っているのです。人間として生まれたら、たいていは両親や親戚に溺愛されて育ちます。赤ちゃんのときから、「すごいね」「えらいね」「かしこいね」「カワイイね」「お利口さんだね」「お上手!」「よくできました」「あなたがいちばん!」といった言葉を延々と浴びることになります。それらの言葉が竜巻のように心を刺激して、子どもの心にも「自分こそが偉い」という気持ちが生まれてしまうのです。

「自分こそが偉い」と思っているのは、子どもだけではありません。大人も、内心では「私は偉い」と考えています。

テレビや新聞、雑誌、インターネットのニュースなどを見ていると、いつでも世界一のことばかり報道されています。スポーツの記録にせよ、音楽のヒットチャートにせよ、商品の売上げにせよ、会社の時価総額にせよ、いろいろないちばんが話題になります。ほんのちっぽけなことでも話題にするのです。スイカの種をどれだけ遠くに飛ばせるか、ホットドッグをどれだけ速く食べられるか、といったことまで、世界一を決めて、競い合っています。

自分がいちばんだと思うことは本能

結局、一人ひとりが心の中で「自分は世界一だ」「世界一になりたい」と思っているのです。精神的に自己制御できない人は、「自分は世界一だ」と周囲に言いふらしていることもあります。

「自分はそんな気持ちで生きていない」「自分のことを偉いだなんて思っていない」という人がいるかもしれません。しかし**「自分こそが偉い」という気持ちは、生命の本能です**。強弱はあるにせよ、誰もがそのスタンスで生きていることに違いはありません。

よく考えれば、その事実に気づけるはずです。話し合いが平行線をたどり、物別れに終わること、話し合いがヒートアップしてケンカになること、話が相手に通じず怒りを覚えること、相手の言い分が理解できずに困惑すること、相手の言葉を誤解すること、自分の意見が誤解されること。ほとんどの人がこれらのいずれかを経験したことがあるでしょう。もしかしたら、これらすべてが日常的に起こっているという人もいるかもしれません。

どうして人間関係のトラブルが頻発するのでしょうか？　それは誰もが無意識に「自分こそが偉い」と考えているからです。

誰かと意見の違いでケンカになったとしましょう。そのときの自分の心をよく観察してみてください。「あの人の考えは間違っている」「あの人は頑固だから私の意見を認めてくれない」「あの人は私のことを嫌いだから私の考えを否定してくる」「あの人は考えが足りない。馬鹿なんだ」といった気持ちが多少なりともあるのではないでしょうか？　これが「自分こそが正しい（＝偉い）」という考えなのです。

「あの人の考えは間違っている」とは、自分の考えは正しいという意味です。「私の意見を認めてくれない」という場合は、正しい自分の話を認めるべきだという意味です。

「あの人は私のことを嫌いだから私の考えを否定してくる」という考えの前提に

なっているのは、「相手は感情的になっていて正しいのは自分の意見だ」という思い込みでしょう。「あの人は考えが足りない。なんて馬鹿なんだ」という言葉の裏には、「自分のほうが賢くて正しい」というメッセージが込められています。いずれにせよ、それらは客観的な事実ではないのです。

人間というのは、いつでも「私は正しい。相手は間違っている」と思っているのです。もし「相手が正しい」と思っていたならば、怒ることはありません。

私は正しい＝私は偉い

自分の子どもが、怪しい会社から借金をしてきたとしましょう。その会社を調べてみると、評判が悪く、利子は高額、絶対にそこからお金を借りるべきではないとわかります。「なんでそんなところからお金を借りたんだ！」と怒ればケンカになるでしょう。ケンカになれば、子どもはますます頑なになります。結果、その会社から借金を重ねて大変な目に遭うかもしれません。

「なんでそんなところからお金を借りたんだ！」という言葉には、「自分が正しい、あなたは馬鹿で間違っている」という意味が込められています（この場合はそれで正しかったということになりますが……）。もしも、「自分こそが正しい」というスタンスで接しなければ、子どもとケンカにならなかったかもしれません。

たとえば、「知人が同じ会社から借金をしてトラブルになったことがあるから一緒に調べてみよう」などと伝えれば、ケンカをせずに解決に向けて善処できたでしょう。

この世で「私は正しい。あなたは間違っている」ということは成り立ちませんし、「あなたは正しい。私は間違っている」ということもまた成り立ちません。

誰もが、自分の知っている範囲で「正しい」と判断して選択しています。そして、心のどこかで「自分こそが正しい」と思っているのです。**人それぞれの「正しい」が食い違うのです**。客観的な事実にもとづかない限り、無数にある人の意見に「正しい」も「間違い」も成り立たないことを理解しましょう。

うまくいくほど「私は正しい」!?

さきほど、人間は生まれたての赤ちゃんの頃から親や周囲の人々から愛されて、「あなたがいちばん！」という言葉を浴びながら育てられるという話をしました。そこから徐々に成長するにつれて、人は「自分こそ世界一」という錯覚は現実に合わないことを各自で発見します。自分と他人を測ることで「自分はいちばんではない」と知り、現実と折り合いをつける術を少しずつ身につけていくのです。

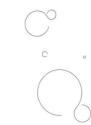

自分の子どもを褒めるのはとても大切なことですが、同時に、人は誰もが世界の一部であること、社会を構成する一員であることを教えなければいけません。過剰に褒めることばかりして、「自分こそ偉い」という気持ちを増長させて、ことさら慢を強くしてしまうと、子ども自身があとから苦労することになります。

自分は世界一で、世界は自分の希望どおりにいくはずなのに、そうでない現実にぶつかったところで途方に暮れてしまいます。特に幼い頃は自我の制御がうまくできないので、現実にぶつかったところで、子ども同士で、いじめたり、いじめられたり、というトラブルが起きやすいのです。その結果、やる気を失って引きこもってしまったりするケースもあります。

学校に通うようになってから、他人よりも自分に何かできると高慢になるし、他人に抑えつけられたり、いじめられたり、といったことを経験すると卑下慢になります。

その人の人生の中で、高慢になる回数が多ければ傲慢な性格になり、卑下慢になる回数が多ければ卑屈な性格になってしまうのです。

ここまで、「私」という実感も、そこからつくり上げられる自我も錯覚であると繰り返し説明してきました。それと同じく、「私は偉い」という気持ちもまた錯覚なのです。「私は正しい、完璧だ（＝偉い）」という考えが理にかなっていないことは、説明されるまでもなく当たり前だと思う人もいるかもしれません。「私は〈自分が正しい（＝偉い）〉なんて思っていないよ」という人もいるでしょう。

でも、それって本当に本当なのでしょうか？

もし私があなたに「あなたは完璧でしょうか?」「あなたは自分が絶対的に正しいと思っていますか?」と尋ねたら、「とんでもない。私はまったくそんなことは思っていませんよ」と答えるでしょう。

ところが、私が「なるほど。では、あなたは間違っているんですね?」「あなたは馬鹿だっていうことですね?」と問い返したら、誰だって「そんなわけないでしょ!」と怒り出すはずです。

人前ではタテマエとして「私はダメだ」「私は決して正しいわけじゃない」と一応の謙虚さを見せていても、心の中では「私は正しい」「私は間違っていない」「まわりが間違っているんだ」と考えているのが人間なのです。

母親が子どもを叱るとき、先生が生徒を叱るとき、上司が部下に怒るとき、母親や先生、上司はそれぞれ「自分こそが正しい」と思っているのです。

私が正しいはずはない

しかし、私たちの心の中にある「私は正しい」という思考は間違いです。それを「私が正しいはずはないんだ」と改める必要があります。「私は正しい」「私は完全だ」という傲慢な考えは捨てなくてはいけません。

少し考えれば、完璧な人間などいないこと、100％正しい人など存在しないことはわかるはずです。

物事を正しく判断する人は、「私は決して正しくはない」「今、正しいと思われていることも隙だらけで間違っているかもしれない」と理解しています。「私は正しい（＝偉い）」という考えは、非合理的で、錯覚で、妄想なのです。

人は常に自分が正しいと思う判断をして、食べるもの、触るものなどを選んで生きています。長く生きて、社会的な成功を収めるようになれば、「自分の判断は正しかった」という気持ちが定着します。人生が成功すればするほど、この感情は強くなって、「自分こそが正しい」という思いを抱くようになるのです。

だからこそ、その実感は決して真理ではなく、錯覚に過ぎないことを心にとめておく必要があるのです。

苦しみをつくる工場──無明

自分の中にあるハカリを使って、自我の値を測る慢。慢は生命にとっての本能で、生命にとって欠かせないものでもあります。そして、同時に危険なものでもあり、暴走したり、悪性化したりすれば、さまざまなトラブルにつながるのです。

では、どうして暴走したり、悪性化してしまったりするのでしょうか？　それには「無明《むみょう》」という根本煩悩が関わっています。無明はパーリ語で「avijjā（アヴィッジャー）」といって、「無智」とも訳されます。簡単にいえば「因果法則がわからない」「真理を知らない」ということ。この「わからない」「知らない」という煩悩が、慢の土台になっているのです。

慢は無明の子どもであり、無明は慢の母親なのです。無明と慢は親子で、仲良しのペアです。だから、この二人はいつも一緒に行動をします。

「わからないこと（無明）」が、すべての心の汚れを生み出します。いっさいの生きる苦しみの工場は、慢の母親である無明なのです。

無明があるので、自我の錯覚が起こります。自我の錯覚があると自我を肯定して生きようとするため、必然的に他者との対立が生まれます。私たちは自分も含めて、「自分こそが偉い」と言い張る人々の中で生きていて、それぞれが慢を使って自分と他人とを比較しています。お互いに、優越感にひたってほくそ笑んだり、怒りや不安を感じたり、つまりは傲慢になったり卑屈になったりを繰り返しているのです。

無明は悪の総合監督

私たちは生まれたときに「なぜ私はここにいるのか？」「なぜ頭がついているのか、体があるのか、目・耳・鼻があるのか？」などと考えることはありません。ただ、生きることに挑戦するだけです。

後に哲学などを勉強するうちに、「なぜ私はここにいるのか？」という問題を考えるかもしれませんが、普通はどんな生命もそんなことは考えずに、「生きる」という問題について何も知らないまま、まったくの無知のまま、生き続けることになります。すなわち、すべての生命が無明なのです。**無明であるからこそ、自我の錯覚が現れ、欲が生まれ、さらに慢が起きるのです。**

母親とは、一家の監督のような存在です。欲や慢の母親である無明は、悪の総合監督と呼ぶこともできます。無明という監督が強くなると、欲や慢も強くなり、怒り・嫉妬・憎しみ・後悔などの汚れた感情も強くなって、活発に働くようになります。無明が強くなると人生は悪に染められてしまうのです。

たとえば人が怒ったとき、そこには無明という監督がいます。監督が強いとどうなるでしょうか？　暴言を吐くだけでなく、相手を殴ったりします。もっと無明が強いとどうなるでしょう。怒りが暴走して相手を殺すかもしれません。悪い心がどれだけ力を発揮するかは、無明という監督の強さによるのです。

誰にでも欲はありますが、だからといって必ずしも他人のものを盗むことはしないでしょう。いくらお金が欲しくても、財布を掏《す》ることはしないはずです。しかし、無明という監督が極端に強い場合、お金がないと詐欺や強盗といった罪を犯してでもお金を手に入れようとするのです。

「慢」を働かせるほど苦しくなる

慢は無明の子どもであり、無明によって生まれるものです。その一方で、慢は親である無明を強化するという性質も持っています。

わが子が学校や社会で活躍すると、親は鼻が高いものです。本人は大したことをしたつもりがなくても、サッカーや野球、空手などの試合で子どもが勝つと、親は鼻高々になることがあるでしょう。

慢と無明にも、同じような関係があります。慢が働けば働くほど、その親である無明が強くなっていきます。わかりやすくいえば、慢を働かせれば働かせるほど、人はどんどん愚かになります。威張れば威張るほど、見栄を張れば張るほど、頭が悪くなって馬鹿になるのです。

ぼんやりとしていると、このしくみにはなかなか気づけないので、よくよく注意しなくてはいけません。

具体的なケースでお伝えしましょう。世の中には、見栄を張る人が多くいます。たとえば、おなかが空いているのに、ごはんを食べずに我慢をする。お金がないのに、高級車や高価な服を買ったり、家賃の高い家に住んだりする。自分の子どもの能力や、家庭の経済状況に見合っていない有名な学校に見栄を張って入学させようとする。

ごはんを食べることを我慢し続ければ、当然ながら体は栄養不足になります。それが原因になって、体調不良や病に苦しむこともあるでしょう。

お金がないのに見栄を張って高いものばかり買っていれば、必要なものが買えずに困ることになったり、借金を抱えたりするもしれません。

経済力に見合わない有名校に子どもを入れたら、学費の支払いに困ったり、友人とのつき合いがストレスになったりすることもあるでしょう。もしその子の学力に見合っていなければ、授業についていくのが大変になります。

このような苦しみが生まれたのは、自分の中に慢があって、その慢の要求に応じようとしたからです。見栄を張ることは無知で愚かな行為なのです。

妄想と無明

「わからない」「知らない」という心の状態は、妄想の暴走につながります。たとえば、隣の家から女性の泣き声が聞こえてくるとしましょう。私たちの心は「泣き声が聞こえてくる」ということを認識しただけで止まることはありません。「なぜ、あの人は泣いているのか？」と疑問を抱き、その疑問に自分で答えるのです。「もしかすると誰かが亡くなったのかもしれない」「子どもが病気になったのかもしれない」「ペットの犬がいなくなったのかもしれない」「テレビドラマに感動しているのかもしれない」「夫の浮気がばれてケンカをしたのかもしれない」などと妄想を始めます。

もちろんどれも自分がつくった妄想ですから、正解ではありません。納得がいかず、妄想を続けているうちに、別のことも考え出します。妄想から別の思考の流れも生まれるのです。

「ペットの犬が死んだかもしれない」という妄想から「隣の家の犬はかわいかった

な」→「私も犬を飼ってみたい」→「犬が飼える家に引っ越したい」→「経済的に難しい」→「給料のいい仕事に就きたい」といった具合に思考が流れていきます。

このように、私たちの心は無限に走り回り、心配や不安、怒りなども生み出していきます。しかし、妄想は精神力も時間も浪費するばかりで、役に立たず、心がくたびれてしまいます。

では、妄想はどこから生まれたのでしょうか？　それは「わからない」というところからです。

人は四六時中、休みなく妄想しています。**妄想には目的がないので、ゴールがありません**。その原因は、無明にあるのです。

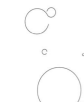

怒りが起こるしくみ

慢と無明の関係について、もう少し深掘りしてみましょう。

たとえば、あなたが誰かに馬鹿にされて腹を立て、「なぜそんなことを言うのか！」とケンカを始めたとしましょう。これには慢が絡んでいます。しかし、仏教心理学では、「慢それ自体でケンカをするわけではない」と教えているのです。「プライドが傷ついた」と感じるのは慢ですが、直接的に慢がケンカを引き起こすわけではない、というわけです。

プライド（＝慢）が傷つけられると、無明が強くなるのです。この無明が怒りを監督します。慢と怒りは、一緒に生まれるわけではありません。慢が無明を強くし、強化された無明が「相手を倒せ」と指示を出し、怒りや憎しみを引き起こしてケンカを始める、という順番です。

慢について知ると、「高慢だったせいでケンカをしたのだ」と早合点しがちです。でも、実際の心理的プロセスはもう少し複雑です。高慢だからといって必ずケンカになるわけではありません。高慢の仕事は無明を強くすることです。プライドが傷つけられたときに、怒りを引き起こしているのは、無明なのです。

たとえば、学校で生徒が宿題を忘れて、先生に「なんで宿題をやってこなかったんだ！」と叱られたとしましょう。そのとき、叱られた生徒ではなく、その子の母親が怒りだすことがあります。先生に対して「なぜウチの子にそんなキツい言い方をするの！」と怒るわけです。

宿題をしなかったのは生徒の過ちなのに、母親が出てきて怒鳴るわけです。こんなとき、子どもの存在が母親を強化しています。「先生を訴えてくれ」と頼んだりはしないけれど、「先生にキツく叱られたから、明日は学校に行きたくない」と泣きながら言うのです。そうすると、母親は先生に対して怒りをぶつけることになります。

このたとえ話の子ども役にあたるのが慢で、母親役は無明です。慢が無明を強くして、無明が怒りや嫉妬、憎しみといった煩悩を監督するのです。

慢と欲は兄弟、無明を母とする煩悩家族

慢と怒りの関係には、無明が媒介になっていることを説明しました。慢と欲の関係になると、さらに密接です。慢と欲の心の成分は、同時に生まれるのです。心に慢が生まれると、同時に欲も生まれています。そして、欲がなければ、慢は生まれません。

すべての生命は、自我の錯覚に徹底的に執着しています。ブッダは「生命にとって、自分こそが何よりも愛しい」と説かれました。「私がいる」という自我意識は錯覚なのですが、私たちには「自分がいるという実感」があり、そこに高い価値をつけています。

自分のことが愛しいからこそ、慢が生じるということです。ですから、欲と慢は兄弟のようなものなのです。

兄弟といっても、生命は誰でも自分のことを愛しいと思うので、欲は長男のような存在です。普段の心は、ほとんど欲に支配されていますが、そのとき常に慢があ

るわけではないのです。自分の中にあるハカリを使って自我の値を測り、他の存在と比較するのが慢です。他の存在と比較し始めると、欲に満たされた心の中に慢が現れてくるのです。もともと欲がある心に、慢が生じるというしくみです。

慢と欲は兄弟で、この両方を生む母親が無明です。無明と欲と慢は家族なので、仲良く一緒にいるというわけです。

私たちの心の中には、無明を母とする家族が住んでおり、そのせいで感情が暴走し、竜巻を引き起こしているのです。

無明が強くなったら、理性を働かせる

ここまでの説明で明らかになりましたが、私たちが何か悪行為をするときは、必ず無明が強くなっています。この状況で危険なのは、理性を失うことです。無明が強くなるにつれて理性が機能しなくなるので、注意しなくてはいけません。

理性を失うと、人は感情の奴隷になってしまいます。「そんな大げさな。私はいつも冷静だから大丈夫」と思う人もいるかもしれませんが、そう楽観はできない話なのです。

あなたは、一日に何度か食事をしますね。何を食べるかをどうやって決めているでしょうか？　今の自分の体に必要な栄養素を計算して、必要なものと不必要なものを吟味し、過不足がないように、理性的に食事をしているでしょうか？

「大好きなパスタを食べたい」「テレビで紹介されていた流行りのお店でステーキ

を食べたい」「昨日同僚が食べていて美味しそうだったハンバーガーを食べたい」。そんな感情で選んでいる人がほとんどでしょう。感情を完全に抑え込んでいる人などいないのです。

「欲しい」「好き」といった感情が生まれると、人間はそれに強く引っ張られることになります。ネットで見つけたバッグが欲しくなると、もう買わずにいられなくなります。「なぜ、そんなに欲しいのか？」と自分に尋ねても、大した理由は見つかりません。それでも欲しくなったら、どうしても手に入れたくなってしまうのです。

世の中にはコレクターと呼ばれる特定のものをたくさん集める人たちがいます。そこまでではなくても「好き」なものをちょっと集めているという人はいるでしょう。その人たちに「どうして好きなの？」と聞いてみても、万人が納得する答えは得られないでしょう。「なんとなく好き」という場合がほとんどだからです。

子どもを見ると、それがよくわかります。わが子が何か欲しいとねだったときのことを思い出してください。そこには何の理屈もありません。「欲しい」という気持ちだけが暴走しています。手に入らないとわかると、泣いたり、駄々をこねたりするのです。

いつまでも心は子どものまま

　普段人間は、「好き」や「欲しい」という欲の感情に引っ張られ続けて生きています。子どもの例はわかりやすいのですが、大人だって同じです。欲しいものがあると、何としてでもそれを手に入れようとするのです。

　そうやって死ぬまで、「これが好き」「あれが欲しい」と言って、その希望を叶えようと手段を尽くしています。それを得たらどうなるのか、選んだ道は本当に正しいのかということは、大して考慮せず、目的に向かって突っ走っていきます。まったく理性的ではありません。

　好きなものを食べ続けた結果、生活習慣病になる人がたくさんいます。どんな食生活をしたら生活習慣病にかかるリスクが高いかは、少し調べればわかりますが、それよりも「好き」を優先しているわけです。

　本当に返せるのかわからない、多額の借金をして家を買う人もいます。理性的に考えれば、20年、30年先のことなどわかるわけがないのですから、長期のローンに無理があることは明白です。

さらに無明が強くなって、他人を騙したり、他人の物を盗んだりしてまで欲しいものを手に入れようとする人もいます。そこまでいかずとも、**誰だって好きなものや欲しいものが手に入らないと、怒ったり、悲しんだりするのです。**心のパターンは子どもの頃と同じです。

ある人が「億万長者になりたい」と思ったとしましょう。そこに大した理由はありません。「お金があれば好きなことができる」「お金があれば自由に生きられる」とか、それらしい理由はあるかもしれませんが、本当の理由は「欲しいから」です。「とにかく億万長者になるんだ」などと心が決めてしまうと、それからが大変です。欲と慢は兄弟なので、**欲が働くと同時に、慢が無明を強化し始めるのです。無明という監督が強くなることで、他の感情も強くなっていきます。**

無明があまりにも強くなると、もう何をするかわかりません。億万長者になるために、詐欺などの犯罪に手を染め、最悪の場合は人を殺すことまでしてしまうのです。

「もっともっと」は心配ごとを増やしてしまう

私たちは、本音では「美味しいものだけを食べたい」「聞きたい音だけを聞きたい」「見たいものだけを見たい」などと思っています。そのような願望に動かされているのは、私たちが自我という錯覚に惑わされているからです。私たちはありもしない錯覚に基づいて、自分以外の世界を管理しようとして大失敗を繰り返すのです。

この世のすべてのものは、自然の摂理に従って変化し続けています。「雨が降るかもしれない」と推測することはできても、希望どおりに雨を降らすことはできません。他人の行動など管理できるわけがありません。世の中は自分の思いどおりにならないもので、ほとんどの場合、期待どおりにならないのが当たり前なのです。

それなのに、自分の周囲の人々や環境に対して、「こうなってほしい」「ああなってほしくない」。つまりは、「私の希望どおりに変化してほしい・しないでほしい」

という期待・希望を抱いてしまう。冷静に考えれば、信じられないほど馬鹿なことを言っていると理解できるはずなのに、無明のせいでそれに気づかないのです。

いつもどおりの普通の仕事が終わり、いつもどおり普通に帰宅します。普段どおりの食事をした後に「観たいテレビ番組がなく、読みたい本もやりたいゲームもない。退屈だ」というわけです。

楽しくもない、苦しくもない普通の状態を退屈だと感じるのは、無明があるからです。楽や苦にとらわれているから、普通を退屈だと感じてしまうのです。感情を刺激されないと退屈だと感じてしまうのは、いかに自分が感情に依存しているか、という証拠でしょう。

「もっと楽しみたい」「もっと欲しい」という感覚にとらわれ、それに気づかないでいると、欲はさらに大きくなります。欲が大きくなれば、その分だけ不安や心配も増すでしょう。

本当の幸せを求めるのならば、感情にとらわれず、普通を楽しめるようになる必要があります。

普通の状態をよく観察して、普通の中に楽しさを発見してみましょう。

自分の中のハカリは案外不正確

人は自分の中のハカリを使って、自分の価値を測り、他人と比べます。では、そのハカリは正確なのでしょうか？

どんな生命も、自分のことをいちばん愛していますから、自分に対して最も高い価値をつけます。そして、「私は偉い」「自分は世界一」と思っていますが、そもそも「私という存在」は錯覚です。さらに、自分の価値を測り他人と比べる慢は「知らない」ということから生まれた煩悩なのです。

よく考えれば、自分の中の尺度が正確で完璧であることなどあり得ないということがわかるでしょう。

不正確なハカリを使って正しい判断などできるわけがありません。自分と他人とを測り、その結果で相手を見下したり、自分を貶《おとし》めたりするのは、まったく無意味で馬鹿げた行為です。

私たちは、世の中のあらゆることを測り続けています。荒っぽく言えば「物事のすべては私が判断しなければならない」と思っているわけです。

庭に咲いたバラの花を見れば「きれいだ」と感じ、散歩の途中でキンモクセイの香りをかげば「良い香りだ」と感じます。

一方でキッチンにゴキブリが這い出てくれば「嫌だ。気持ち悪い」という感情が生まれ、寝ているときにプーンという蚊が飛ぶ音が聞こえれば「嫌だ。いなくなってほしい」と思うでしょう。

では、この「嫌だ」という感情は、誰のせいで生まれたのでしょうか？　自分が嫌な思いをしたのはゴキブリや蚊のせいだと思うかもしれませんが、本当に犯人はゴキブリや蚊なのでしょうか？

私たちは、目で見て、耳で聞いて、鼻で嗅いで、舌で味わって、肌で触れて、判断をしています。同じ映画を観ても感動する人もいれば、そうでない人もいます。多くの人がそのドラマを観て泣いたからといって、自分が泣くかどうかはわかりません。

バラを見てもきれいだと思わずに、「トゲが怖い」と感じる人もいるかもしれません。キンモクセイの香りが苦手だという人だっているでしょう。どう感じるかはその人次第ということになります。

人によって感じ方はそれぞれ

つまり、ゴキブリや蚊を見て嫌だと感じるのは、ゴキブリや蚊のせいではなく、**自分に原因がある**ということなのです。

ゴキブリや蚊を、嫌だ、気持ち悪いと感じるのは人間の勝手です。ネコやネズミ、カエルから見ればゴキブリは美味しそうに見えるでしょうし、トンボやクモから見れば蚊はご馳走でしょう。何かを見て、聞いて、触れて生まれてくる感情は、受け手次第で変わるということです。

世界をよく観察し、よく考えれば、持っている物差しは人それぞれで自分と同じではないことがわかるはずです。

女性の肌はなるべく他人に見せてはいけない、隠したほうがセクシーだという文化もあれば、肌を露出したほうがセクシーだという文化もあります。

日本では魚を生で食べますが、生で魚を食べるなんて考えられないとする文化もあるでしょう。

どんな料理を美味しそうだと感じるか、何を美しいと感じるかは、文化によっても異なりますし、外部の環境からの影響も受けます。

流行っている洋服だと聞けば、本当は自分の趣味とは異なっていても「かわいい」「格好いい」と思うことがあるでしょう。行列のできる店の料理だと写真を見せられれば「美味しそうだ。食べてみたい」と思うものです。今まで見向きもされなかった場所も、テレビで紹介されると皆が「訪れたい」と思うようになり、人で溢れたりもします。

感情というものは外部から大きな影響を受けますが、それも含めて根本では、その人次第ということになります。

何かを見たときにどう感じるかが人それぞれ違うなんて、当たり前のことだと思うかもしれません。そうです、とても当たり前のことです。しかし、それが十分に理解されているかというと、そうではないのです。

自分がおもしろいと感じた映画を「つまらない」と言われると腹を立て、自分が美味しいと思った料理を「まずい」と言われると怒り出します。これも慢の仕業です。「私の判断にケチをつけるのか！」と感じているわけです。

人によって物差しが違う、感じ方が違うと理解していれば、どちらの場合も「そういうものか。自分とは違うのだな」と思うだけで、怒る必要はありません。「私は正しい」「あの人は間違っている」と思っているから怒るのです。

自分の尺度は絶対的なものではない、ということを肝に銘じておきましょう。

私たちは喜んだり泣いたりすることが大好き

できれば、不安や怒りを感じることなく平穏に暮らしたいと思っている人は多いでしょう。どうすれば不安にならないのか、どうすれば怒らずに済むのかといった相談を受けることがよくあります。

しかし、人間は感情が大好きな生き物です。自覚はしていないかもしれませんが、「感情に心を揺さぶられることなく静かに暮らしたい」という人も、実は感情的なことが大好きなのです。感情が大好きなのに、感情を手放したいと言っているのですから、困ってしまいます。

人は、感情を揺さぶるためにあらゆることをしていると言ってもいいかもしれません。映画を宣伝するコマーシャルで、映画を観た人たちが「感動しました」「泣いてしまいました」というコメントをしているものがあります。あれは「感動したい」「泣きたい」と思っている人が多いからでしょう。

映画の登場人物に感情移入をして、怒り、悲しみ、不安になり、憎しみ、落ち込んで、笑って、感動して、泣いているわけです。

誰かが頼んでいるわけではありません。自ら「感動したい」「泣きたい」という気持ちで映画を観にいっているのです。

もちろん映画だけに限りません、小説や漫画、舞台、ゲームなどもそうでしょう。娯楽には、それらを体験して得られる感情の動きを楽しむ側面があるのです。わざわざ恐怖を感じるために、バンジージャンプのようなアトラクションに挑む人もいますし、興奮を得るためにギャンブルに興じる人もいます。

どうしても感情が手放せない

「怒る」と「叱る」の違いは、どこでしょうか？ 「怒る」とは主観的な感情をぶつけること、「叱る」とは客観的に、理性的に、事の是非と善悪を伝えることです。

親が子どもに対して、上司が部下に対して、先生が生徒に対して、叱らなければいけない場面があるはずです。しかし、叱る側の親、上司、先生が「怒る」と「叱る」の区別がついていない場合が多いのです。

たとえば「ゲームばかりしていないで、勉強をしなさい」と言っても、子どもがゲームをやめないと、親は怒り始めます。今ゲームをしていることを咎《とが》めるだけでは済みません。「あなたはいつも宿題をやらない」とか「部屋の片付けをしない」などと、今のこと以外を指摘して怒ったかと思えば、「このままでは受験に失敗する」「望む仕事に就けなくて苦労する」などと将来のことまで心配をして、延々と怒り続けます。

会社でも同様のことが起こります。上司が部下の遅刻を咎めたとします。それなのに翌日また部下が遅刻をしてくると、上司の怒りが爆発します。「そもそも身だしなみが整っていない」だとか「挨拶がなっていない」「メールの文面が失礼だ」などと、遅刻とは関係のないことまで持ち出して怒るのです。

どうして怒りは延々と続くのでしょうか？　それは感情がエンドレスで、際限がないからです。**感情は次から次へと湧いてきます**。どんどん思い出すわけです。あれもこれもと思い出し、その感情を相手にぶつけているのです。

人間は感情が大好きです。怒り、憎しみ、不安、悲しみといった感情は、精神を壊す可能性がある危険なものでもありますが、感情を表に出すと気持ちがよいと感じる麻薬のような側面があります。

部下や子どもに対して怒っているとき、映画を観て泣いて感動しているとき、失恋をして悲しんでいるとき、本人は気づいていないかもしれませんが、それを「格好いい」と思っている場合があります。わざわざ自分が怒っているところや悲しんでいるところを他人に見せようとしたりするのです。

客観的に見れば感情に支配された行為ですが、それだけ感情は手放すことが難しいものだともいえるでしょう。

感情がないと退屈？

平穏に暮らしたいなら感情を手放すべきという話をすると、今度は喜怒哀楽のない人生なんてつまらないのではないかという人がいます。

「好きなことがたくさんあって、好きなことをたくさんやっているほうが人生は楽しい。感情を手放したら味気ない人生になる」というわけです。

しかし、そもそも人生は楽しいことばかりなのでしょうか？　たとえば会社に行くとしましょう。毎朝の通勤で電車に乗ることは楽しいでしょうか？　別に楽しくはないでしょう。満員電車は「嫌だな」と思うかもしれませんが、毎日のことですから、逃げ出したいほどではないでしょう。

会社に着いて仕事を始めます。日常的な業務であれば、別に楽しいというほどではないけれど、苦しいというほどのこともないはずです。普通のことでしょう。特別なプロジェクトや大きな仕事を担当することになれば「頼まれて嬉しい」という気持ちや「自分にこなせるだろうか？」という不安が生まれます。ですが、これも毎日のことではありません。

大きな興奮や不安を感じることはない、普通の仕事が膨大にあるのです。では、興奮や不安のない普通の仕事は退屈なのでしょうか？　決してそんなことはないでしょう。普通の仕事にも創意工夫の余地があり、発見があるはずです。それを退屈だと感じてしまうのは、無知だからでしょう。

感情に任せるとろくなことにならない

私たちは誰しも感情を持っています。感情は本能的な情動であり、主観です。人それぞれ持っている感情の物差しは違います。同じ映画を観ても「感動した」という人がいれば「おもしろくない」という人もいます。野良犬を見たときに「かわいい」という人もいれば「怖い」という人もいるでしょう。

美しい花を見て「きれいだ」と、心が動きます。すると今度は、その美しさを手元に残しておきたいという感情が湧き、「写真に撮って残しておきたい」と思います。そこで、スマートフォンを取り出して写真を撮ろうとします。

もちろん写真を撮ることは問題ありませんが、人によっては、枝を折ったり、茎を切ったりして花を持ち帰ろうとします。これはまったく理性的ではありません。感情にとらわれた間違った判断だといえます。

感情的で間違った判断は、写真を撮ろうとした後に起こることもあります。写真を撮ろうとした際、周囲に他人がいると「邪魔だな、きれいに撮れないじゃないか」と思います。花はその人のものではありませんし、その場所もその人のものではありません。理性で考えれば、他人がいなくなるまで待てばいいわけですし、写真を撮らないで帰る選択だってあるでしょう。しかし、「写真を撮りたい」という感情に支配され「写真が撮れないじゃないか。そこをどけよ！」と怒ったり、人を押しのけて写真を撮ろうとしたりする人もいます。

結局のところ、感情に任せて行動をしたら、ろくな結果にはならないのです。

感情に流されないように

「好き」か「嫌い」かという、もっと単純な感情もあります。好きだからという理由でスナック菓子ばかり食べていたら、体を壊して病気になるのは当然です。嫌いだからという理由で仕事をしないわけにもいきません。

しかも**感情は、そのときどきの状況で移ろうものですし、そもそも主観なのであ**

てになりません。今日は好きだと思っている仕事が、明日好きかどうかはわかりません。好きな人を嫌いになることもあれば、その逆もあるでしょう。

感情は、自分の都合のいいように心を誘導します。ですから、感情の赴くままに行動していれば、ほぼ間違った選択になります。

感情は誰もが持っているもので、人間は感情が大好きなのですが、感情で判断するとよい結果にならないのです。**感情をゼロにすることはできませんが、感情に流されないようにすることはできます**。感情の起伏にとらわれず、正しい判断をするために必要なのが理性です。

世の中にはたくさんの法律、規則、ルールがあります。その理由は、根本的に人間が感情で動きたがるからです。

泥棒をする人は「欲しい」という感情を抑えられない人ですし、痴漢をする人は「この人に触りたい」という性欲の感情を抑えられない人です。

たいていの人は、そのような感情が湧いても理性でコントロールしています。しかし、感情が強まった人は、自分をセーブすることができません。いけない行為とわかっていながらも、やってしまう人がいる。だから、法律で禁止して罰則を与えるというしくみができたのです。

店内に「万引きは犯罪です」という貼り紙をしているスーパーがありますし、駅の構内には「痴漢は犯罪です」というポスターが貼ってあります。あれらは、衝動的な感情を抑えられない人に「冷静な自分を取り戻してほしい」「理性を働かせてほしい」と訴えかけているわけです。

感情よりも理性が勝っていれば、犯罪行為をするという選択はしません。街で高級時計をつけている人を見かけて「格好いいな」と思ったとしましょう。「欲しい」という気持ちが湧いたとしても、心が落ち着いていれば「自分もお金を稼いでいつか手に入れよう」などと思うだけです。一方、感情をコントロールできなくなった人間は「盗んでしまえ」と思うのです。

理性が強くなれば感情を抑えられる

犯罪行為に限らずとも、私たちの日常生活の中で、理性で感情をコントロールできずにひどい目に遭う場面は多々あります。先程も例に挙げましたが、好きなものばかり食べ続けて生活習慣病になるというのはわかりやすい例です。

糖分ばかり摂ってはいけない、塩分過多の食事を摂ってはいけない、アルコールを飲み過ぎてはいけないというのは、ほとんどの人がわかっているはずです。しかし、理性が弱いために感情をコントロールできずに、ついつい好きなものを食べてしまうわけです。

最近よく街で見かける〝スマホ歩き〟も同様です。スマートフォンを操作しながら歩くのは、人とぶつかったり、転倒したりするリスクがある危険行動です。周囲に迷惑がかかることもわかりきった話です（もしかしたら、自分は大丈夫だという傲慢な考えの人もいるかもしれません）。

駅にも「スマホ歩きはやめましょう」というポスターが貼ってあったりします。それでも、スマホ歩きをする人は大勢います。ＳＮＳをしているのか、インターネットのニュースを読んでいるのか、ゲームをしているのかは、それぞれでしょうが、スマートフォンを操作しながら歩いていたら危ないとわかっていながら、「スマートフォンを触りたい」という感情を抑えられないのです。

常に理性的に行動しているという人は、ほとんどいないことがわかるでしょう。

感情は生まれたときから持っているものですが、**理性は生まれつき備わっているものではありません。学び、育てるものです**。

親が子どもにするしつけとは、端的にいえば「理性を教えること」なのです。社会で生きていくために不可欠なマナーやルールを伝授して、それがなぜ必要なのかを教えるわけです。

もし何も教えなければ、食事の最中に席から立ってあちこち走り回ったり、おもちゃで遊びながら食べたり、ということも起こります。「遊びたい」という感情を理性でコントロールすることができなくなるのです。

まともな人間になるということは、理性を身につけて、それを大きく育てていくことです。ですから、親のしつけ、学校でのしつけはとても大切なのです。

学べば学ぶほど、さまざまなことを知れば知るほど、理性は大きく育っていきます。これは、子どもに限った話ではありません。理性は死ぬまで育てるべきものです。理性が育てば育つほど、感情に流されることが減り、間違いが少なくなるのです。

感情の奴隷にならない、理性の育て方

感情をコントロールして正しい判断をするためには、理性が不可欠です。逆に理性を失うと、無明が強くなってしまうのです。慢が働くことで、無明が強化されて理性が弱まります。そうなると、もうまともな判断はできません。**無明が生み出す感情の奴隷にならないためにも、努力して理性を育てなければいけないのです。**

では、どうすれば理性を育てることができるのでしょうか？　まずは「自我は錯覚である」と気づいて、客観的な視点を持つことが大切です。

心は常に「私がいる」という錯覚を前提にして働いています。人間は自我に支配・管理されているということです。誰かに何かを言われたとき、「嬉しい」「侮辱するな」といった感情が生まれるのは自我があるからです。何かを食べた際、「美味しい」「まずい」と感じるのも自我があるからです。

何かにトライして「成功した」と喜んだり、「失敗した」と嘆き悔しんだりするのも自我に原因があります。

ゴミ箱に向かってゴミを投げる遊びをしたとしましょう。ゴミが上手くゴミ箱に入れば「やった！」と喜び、ゴミがゴミ箱から外れてしまうと「悔しい！」と思います。これは自我があるから生まれる感情です。もしも自我が錯覚であると知っていれば、もっと客観的に観察することができます。

ゴミが上手くゴミ箱に入ったときと、外れたときでは、自分の体の動きに違いがあって、「入ったときは物理的にそうなるべくしてなったのだ」という事実が理解できるのです。

他人と比べていたら自分のことはわからない

自分では客観的な視点を備えているつもりでも、案外あてにならないことが多いものです。もう一つ例え話をします。

あなたがテストを受けたとしましょう。採点された答案を見ると、80点と書いてあります。あなたは「勉強の成果が出た。よかった」と感じます。でも、隣の席の人の答案を覗くと90点と書いてある。すると、今度は「隣の人に負けた。悔しい」という気持ちが湧いてきます。そして、先生が「今回の平均点は85点だった」と発表すると「平均点以下だったのか」とガッカリします。

慢で他人と自分を測ることで、感情が揺れ動き、なかなか客観的な視点が持てなくなります。しかし、**大切なのは自分が十分に努力できたのか、勉強の方法は正しかったか、もう少し工夫の余地がなかったか、などを理性的に検証することで、他人の結果と比べることではないのです。**

他人から見れば当たり前のことでも、自分のこととなると客観的に見られなくなることはよくあります。

最近、電車の線路にスマートフォンを落とし駅員に拾ってもらっている方をよく見かけます。その状況を他の人が見ると「電車の乗り降りをするときぐらい、スマートフォンをカバンにしまっておけばいいのに」とか「ホームのギリギリに立ってスマートフォンに夢中になるなんて。落とすのは当たり前じゃないか」などと思うのですが、スマートフォンをいじりながら電車の乗り降りをする人はたくさんいますし、駅のホームではほとんどの人がスマートフォンの画面に夢中です。

結局、スマートフォンを線路に落とす人は減らないのです。

他人と自分を比較して一喜一憂したり、他人の行動をあげつらってあれこれ評価したりする生き方をやめて、自分の思考や行動を冷静に観察する習慣をつければ、おのずと理性が育っていくはずです。

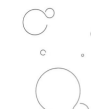

理性で判断すれば、心配ない

自我を錯覚だと認識し、客観的な視点を持つことと同様に、データに基づいた判断を心掛けることも、理性を育てることにつながります。

現代は情報に溢れています。本や新聞、テレビに加え、インターネットもありますから、情報を得ることは昔に比べて容易《たやす》くなっています。しかし、その情報は玉石混淆で、どれが信じるに値するものなのか、必要かつ重要なものなのかは、受け手である私たちが理性で判断しなければいけません。

情報は人が流すものです。テレビも新聞も雑誌も、インターネット上の情報も、誰かが記事を書いています。人が書いたということはそこに少なからず感情が入っているということです。発信する側のものの考え方、感じ方が反映されています。元は同じ事件でも、報道するテレビ局や新聞社によって取り上げ方が変わります。

国際的な問題であれば、それぞれの国によって視点が変わります。その情報が、どのような立場の人によって発信されたのか、どういう視点に立って発信されたのかを考慮しないと、それが受け取るべき情報なのかは判断しにくいのです。

ブッダも「どんなことも鵜呑《うの》みにするのはよくない」と戒めています。一つのニュースがあったとき、複数の情報ソースにあたり、比較する癖をつけるのも理性的な判断を下すための訓練になるでしょう。

新型コロナウイルスに関する情報もテレビ、新聞、インターネットにさまざまな情報が流れています。パンデミックのニュースですから誰もが気になっているでしょうし、正しい情報を欲しているはずです。とはいえ、世の中に流れるのは正しい情報ばかりではありません。

そうかと思えば「大手のメディアは本当のことを隠している」「新型コロナウイルスのワクチンの中にはマイクロチップが入っていて、人類をコントロールしようとしている」といった陰謀論がインターネット上を賑わせたりもしています。

不安を煽られた人々は、怖くなり、**自分が不幸に巻き込まれたくないという感情**でその情報を信じてしまいます。理性的な判断ができなくなってしまうのです。

何が正しい情報なのかを見極める一つの材料として、「信頼できる人の発言かどうか」ということが挙げられます。信頼できる人というのは、有名な人というわけではありませんし、大勢の人がそう言っているからといって信頼できるわけではありません。感情を発散することなく理性的に発言をしているか、言葉と行動が一致している（言行一致）かが重要です。

データを尊重してデータに執着しない

理性的とは、言葉を換えれば「データに基づいている」ということになります。不安や怒りを煽るばかりでそれを裏付けるようなデータがない、妄想的な哲学ばかり喋っている、自分の意見に都合のいいデータばかり集めているといった人の意見は信頼することができません。

インターネットの情報が信頼性に乏しいといわれるのは、匿名で、誰がどういう視点で書いたか判断できないことがあり、データに基づいたものではないことが多いからです。

「ワクチンは絶対に打ってはいけない」「新型コロナウイルスに感染したら肺が壊れてしまう」といった具合に、言い切る人の意見も危険です。

専門分野で実績を残している科学者の話を聞くと、自分が研究している分野についての話だったとしても、とても謙虚です。朝から晩まで研究を重ね、論文を発表するためにテストを重ね、データをとります。組み立てた論理が本当に成り立つのか、条件を少し変えたらどうなるのか、再現性はあるのか。慎重に検討して確証を持って、それでも「このようなテスト結果が得られたので、おそらくこうであろう」という発表をします。データの重要性を理解したうえで、それでも何事にも絶対はないことを知っているのです。「自分の意見が絶対的に正しい」「みんな馬鹿で騙されている」といった傲慢な考えはないのです。

手洗い・うがいをこまめに行い、マスクをして生活していても、新型コロナウイルスに罹患することはありますし、ワクチンを打ったからといって絶対に重症化しないわけでもありません。発表されているデータを見れば、感染力は少し高いけれど、現状は従来の風邪よりも少しタチが悪いぐらいだろうということがわかります。わからないものは怖いかもしれませんが、必要以上に不安になれば、精神に支障をきたしてしまいます。そうならないためにもデータを見て、理性的に判断しなければいけません。

家を出るときに傘を持っていくか、いかないかについては、ほとんどの人が天気予報のデータを見て判断しているでしょう。降水確率が10〜20%であれば「おそらく雨は降らないだろう」と考えて傘は持たず、降水確率が50%を超えれば「雨が降る可能性が高そうだ」と考えて傘を持っていく。そんな判断をしているはずです。「雨が降ってほしくないから」と手ぶらで出たり、「雨が降ってほしいから」と傘を持っていったり、ということはしませんよね。

降水確率を見て傘を持っていくか、持っていかないかを決めているように、何事においても感情ではなく、**データに基づいて理性的に判断する癖をつければ、感情に流された間違った判断は減るはずです。**

そして、情報というのは、常に更新されていくということも覚えておきましょう。科学は日進月歩で進化し、日々新しい発見がされています。私たちが昔、大真面目に信じていたことが、覆ってしまうこともあります。今、正しいとされていることも20年後、30年後には間違いだったということになる可能性もあるのです。

第4章

心を使いこなして幸せになる
——自己評価で成長する方法

心の免疫機能を働かせる

これから、私たちが心に備えているさまざまな感情をうまく活用して、またはその特性をよい方向に成長させて、幸福な人生を送るための方法を仏教心理学から学んでみましょう。

私たちの心には、欲、怒り、嫉妬、恨み、落ち込み、見栄を張ることなど、さまざまな煩悩がうごめいています。それらの煩悩が好き放題に活動していたら、人間は自己破壊に陥ってあっという間に命を失ってしまうことでしょう。

しかし、ほとんどの人間はまがりなりにそれなりに、社会に迷惑をかけず、大人しく生活しているのです。私たちの体には、体内に侵入してくる細菌やウイルスに抵抗する免疫機能があります。それと同じように、心にも悪に対して抵抗する機能があるのです。

私たちは感情（煩悩）に動かされて、いつでも悪いことをしたがっています。その度に、心のどこかで「やってはいけない」「やるべきではない」と抵抗力が働いてストップをかけているのです。

悪に対抗する抵抗力は慚《ざん》と愧《ぎ》です。パーリ語では、それぞれhiri（ヒリ）とottappa（オッタッパ）といいます。

慚は悪い行為を恥ずかしいと思うこと。愧は悪い行為を怖がること。これは、誰にでもある感情です。この二つの感情が両輪となって、心が悪に侵されないように、心の免疫機能として働いています。慚が弱くなっても、愧が弱くなっても困るのです。もし、世の中から慚と愧がなくなってしまったら、家族・社会・国・世界などの組織にある決まりが崩れてしまうのです。

お酒を飲んで酔っ払うと「自分なんかどうでもいい」と感じたり、「自分こそが偉いんだ」と調子にのったりすることがあるでしょう。

「自分なんかどうでもいい」「私はダメなやつなんだ」という思いが強くなると、自信を失ってどんどん堕落していきます。度を越えると自殺をすることもあります。

本来、生命は自分がいちばんだと思い、自分に最も高い価値を入れています。

ですから、自殺をするなんてあり得ないことですが、慢が度を越して無明を強くすると、心の抵抗力が失われて自殺をするのです。

このとき「人間誰だって平等に生まれてきたのだから、自分も立派な人間になれるはずだ」「堕落した生活を続けるなんて恥ずかしいことだ」という、少し高慢に似た慚の感情を引き起こすことができれば、極端に卑屈になることを防げるのです。

また、人はあまりにも傲慢になると、他人に暴力を振るったり、危害を加えたりすることがあります。このときには「他人を傷つけるなんて恐ろしいことだ」「人のものを盗むなんて恥ずかしい行為だ」という慚愧の気持ちが生まれれば、思い止まることができるのです。

理性が働いて、心の免疫機能が正常に機能していれば、たいていは悪という病気から心を守ってくれるのです。

「自己評価」と上手につき合う

慢という自己評価の煩悩は、生得的に備わっている本能であり、誰だって自分に価値をつけずに生きることができません。生きている限り慢はありますし、仏教の悟りの最終段階である阿羅漢果に達するまで、慢は消えません。私たち人間は、完全な悟りに達するまで慢の鎖を外すことはできないのです。

自分の価値はどのくらいなのかとずっと測りながら生きていくことになるのですが、慢はさまざまなトラブルも引き起こしますし、暴走し、悪性になると大変なことになります。では、どうすればよいのでしょうか？

生活習慣病など、すぐに死に至るわけではないけれど、治りにくい病を患ったとしましょう。病院に行くとおそらく医者から「病気をコントロールしながらうまくつき合っていきましょう」などと言われるでしょう。

食事を制限したり、運動をしたり、ときに薬を用いながら、生活の中でうまくつき合うようにするのです。

慢にも同じようなことがいえます。なくすことはできないけれど、うまくつき合っていくことならできるのです。

また、慢と巧みにつき合うには理性が欠かせません。誰かにプライドを傷つけられたり非難されたときも、興奮して腹を立てたり、落ち込んだりしないで、理性を保って対応するのです。

具体的には、感情的になりそうな場面でもすぐに思考を切り替えることです。「理性を失ったら、自分がみじめになる。恥をかいてみっともない。格好悪いじゃないか」と考えるのです。

こうした思考にも慢の要素があるのですが、理性を保つ目的でほんの少し利用する程度であれば、害にはならないでしょう。

たとえば誰かに馬鹿にされ、腹が立ち、慢が強くなってケンカをしたくなったとき、理性を使ってこう考えてください。「こんなことでケンカをしたらみっともない。格好悪いし、人間としてみじめで情けない」と。

そうすると、慢が正しく制御されるのです。**この「格好悪い」と思うことも慢ですが、このときの慢は、十分にコントロールされた慢です。**悪行為を「格好悪い」と思う人は、決してケンカや暴力的な振る舞いをしません。

誰かに誘惑されそうになったときには、自分のプライドを正しく使ってください。そうすることで、自分を守ることができるのです。

慢のコントロールも日々学んでいくもの

慢を正しくコントロールするためには、理性が不可欠です。第3章で詳しく触れたように、理性は意識的に育てていくべきなのです。まずは、自我が錯覚であることに気づき、客観的な視点を持たなければいけません。

誰かに何かを言われて嬉しく感じたり、怒りを覚えたりするのは、自我があるからです。**「感情が生まれるのは自我があるからで、その自我は錯覚に過ぎない」**と肝に銘じておけば、嫌な感情が生まれたときにも理性的でいられます。

理性を大きく育てることができれば、慢の制御は容易くなります。しかし、一朝一夕でそれが叶うわけではありません。スポーツ選手がコツコツと練習を重ねて技術を上達させていくように、理性も時間をかけて育てていくものです。

時折、感情に流されやすい心をパッと治してほしいという人がいますが、私が手を叩いたら心が晴れる、慢が小さくなるなどという奇跡はありません。世の中にそういった奇跡は存在しないのです。

慢を正しくコントロールするための訓練には瞑想が有効なのですが、瞑想をしない一般の方に私が提案したいのは、**紙に書き出してみること**です。

仕事先でカッとなって同僚と口ゲンカをしたとしましょう。その直後にというのは難しいでしょうから、少し時間が経過して冷静になったところで、カッとなり口論したことで自分がどんな利益を得られたのか、どんな不利益があったのかを書き出してみるのです。

すると案外、利益がないことがわかります。「同僚を口ゲンカで負かすことができた」「自分が正しいとわかってスッキリした」程度のことはあったとしても、その口ゲンカによって同僚との関係が悪くなり、仕事がしにくくなるかもしれません。口ゲンカを見ていた周囲の人に、「怒りっぽい人だ」という印象を与えた可能性もあります。

そもそも口ゲンカをしていた時間も無駄なもので、時間をそれぞれの仕事に向けていたほうが会社の利益には貢献したかもしれません。口ゲンカに勝ったからといって、まわりに「すごい人だ」と思われることはないでしょう。

慢がむき出しになって、慢の感情に負けてしまったとき、理性を失うでしょう。感情的になって、愚かな行為をするでしょう。

落ち着いてから、その状況を紙に書いてみるのです。感情でケンカしたことを書くと、また同じ感情が再生するので、それは書きません。何を損したのか、何を得したのか、後味はどうだったのか、他の選択もあったのではないか、と書くのです。

このように、感情的になってしまったときのことを紙に書き出してみると、自分の行動や態度が馬鹿馬鹿しかったなと思えるはずです。

自分を戒めるトレーニング

「自分はプライドが高くてカッとなりやすい」という人がいます。しかし、プライドが高くてもカッとならない人はいくらでもいます。たとえば売れている芸能人や、実績を残しているスポーツ選手は、おそらくプライドが高い人が多いでしょう。でも、彼らはファンの前で穏やかでニコニコと振る舞い、マスコミに取材されるときも礼儀正しくしています。

もちろんすべての芸能人とスポーツ選手がそうではありませんが、プライドが高いからといってカッとなりやすいわけではないのです。

プライドが高かったとしても、ファンやスポンサーの存在があって、自分の仕事や生活が成り立っていると理解して、理性的に自分の振る舞いをコントロールしているのです。「感情に任せたら自分にとって損が大きい」と瞬時に判断して、理性的に行動しているのです。

高慢になりやすいという人も、自分のプライドを満足させるためにとった態度や言動にどんな利益があるのかを考えてみるといいでしょう。周囲にすごいと思われたくてとった態度によって周囲に引かれ、相手を負かすために放った言葉で周囲に嫌われていることに気づくはずです。

自分は周囲に好かれているのか、嫌われているのか。人に寄って来られる人間なのか、人が離れていってしまう人間なのか。冷静に考えてみてください。

人が離れていくばかりで寄ってこないのであれば、おそらくあなたに原因がある
でしょうし、自分が引き寄せるのが悪人ばかりなら、それもあなたに原因があるの
です。

あなたのプライドが高いのであれば、人が敬遠してハエが群がる汚物の山のよう
な人間ではなく、黙っていても人が集まってくる華麗な花のような人を目指してく
ださい。

自分を奮い立たせるエネルギーの使い方

学校の同級生がテストでよい点をとったとき、会社の同僚が仕事で成功をしたとき「あの人にできるのなら、私にもできるはずだ」という気持ちが起こることがあります。一見すると、自分を奮い立たせるポジティブな感情に思うかもしれませんが、これも同等慢で決してよいものというわけではありません。

たとえば「あいつらよりもいい点数をとってやるぞ」と思えば、勉強できるでしょう。「あいつらよりも営業でよい売上げを達成するぞ」と思えば、仕事量を増やすことができるかもしれません。

ライバルをつくって、その人々を軽視して「自分のほうができるはずだ」と考えるわけです。**慢を利用してエネルギーを生む方法は、長い目で見ると結局うまくいきません**。それは「ライバルに勝ちたい」「自分も同じように周囲に認められたい」

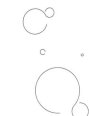

という気持ちであって、学びたい、自分の能力を活かして会社に貢献したいといった気持ちではないからです。

自分を奮い立たせるエネルギーの源が、慢にあると危険です。理性が働かず制御がうまくいかなければ、テストでライバルに勝つためにカンニングをする、自分がいちばんになるために同僚の足を引っ張る、不正をして売り上げを誤魔化すといったことが起こります。

これではたとえライバルに勝利したとしても、自分には何も残らないどころかマイナスですし、学校や会社にも不利益です。よいことがないのです。

「○○ちゃんにもできるのだから、あなただってできるでしょう」と子どもを奮い立たせる親がいますが、それだと慢を強くするだけで、失敗します。子どもが悩み苦しむ原因にもなるでしょう。

親がするべきは、わが子の理性を育て、学ぶことの大切さを伝えることです。誰かを倒そうとする攻撃的な気持ちを植えつけることではありません。

慢をエネルギーとして活用すると、慢は癖になり、性格になります。結果、傲慢な人間になってしまうのです。

「慢」の焦点を「善」に合わせる

あなたのまわりに、善い人や善い仲間がいるなら、その人たちの側にいられるように努力しましょう。

善い人というのは、傲慢ではなく慈しみに溢れた人です。心が清らかで、間違いを起こした人がいても、相手を理解して許す気持ちがある人です。もしそのような人と出会い、そのような人々のグループを見つけたならば、なるべく一緒にいるようにしましょう。必ずよい影響を受けることができます。

もしあなたが少々だらしない人間だったとしても、善い人たちはおそらく受け入れてくれるはずです。すぐに出ていけとは言われないはずです。

最初は様子見かもしれませんが、善い人になろうとする努力が見えれば歓迎してくれるでしょう。

このとき「このグループと一緒にいよう」「このグループから脱落しないようにしよう」「仲間外れにならないようにしよう」と頑張るのは、正確にいえば同等慢なのですが、理性的に自分を善い人間にしようとする、自己を本当の意味で向上させようとする動機があれば、他人や自分を壊すようなことはないでしょう。

自分の慢の焦点を「善」に合わせることができれば、慢が悪性になったり暴走したりするのを抑制することができるのです。

ただ、同等慢も自分のいる場所や状況が変われば高慢や卑下慢に化けますから、常に理性的であるよう心がけなくてはいけません。人は誰しも「自分こそが偉い」という自我（の錯覚）を備えていますから、油断はできないのです。

善い人といればよい影響を受けるのと同じように、悪事を働く人といれば悪い影響を受けます。ですから、仲間を選ぶときは理性で選ばなくてはいけません。

誰とでも仲間になるのではなく、道徳的な善い人を仲間として選ぶことです。

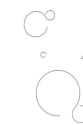

比べるよりも育てること

お釈迦さまの高弟であるアーナンダ尊者が、ある比丘尼《びくに》に向けて説法した経典があります。その比丘尼はアーナンダ尊者に恋をしていたのです。出家に色恋は厳禁なので、その恋が実ることは決してないのですが、それでも何とかしようとあれこれ試みたのです。

そこで、彼女は仮病を使うことにしました。重い病気になったふりをして、頭から衣を被って寝床に伏せ、他の比丘尼たちに「アーナンダ尊者にお会いしたい」と訴えたのです。他の比丘尼たちは、もしかするとこの比丘尼はもう死んでしまうかもしれないと考え、アーナンダ尊者にお願いに行きました。

アーナンダ尊者はいつも秘書としてお釈迦さまと一緒におり、簡単には会えないのですが、それでもなんとかお目どおりが叶いました。そして、「ある比丘尼が重い病気を患い、倒れています。どうしてもアーナンダ尊者に面会したいと言っています。アーナンダ尊者が会ってくださったら、なんとか元気になるのではないかと思い、お願いに来ました」と伝えました。

その話を聞いたアーナンダ尊者は、その比丘尼のところへ出向きました。ところが、仮病を使っている比丘尼は、アーナンダ尊者が来たにもかかわらず、礼をすることもなく、頭から衣を被ったまま横になっています。「これは怪しい」と仮病に気づいたアーナンダ尊者は、次のような説法をしました。

「妹よ、この体は慢によって構成されています。その慢を拠りどころにして、慢をなくすのです」と。

これはどういう意味でしょう？　慢は本来ウイルスのようなもので、高慢も同等慢も卑下慢も精神を蝕むものです。自分と他人とを測り、怒りや嫉妬、不安といったネガティブな感情が生まれるのなら、それは悪い慢で、精神を病に陥らせ、やがてあなたを壊してしまうでしょう。しかし、善いプライドを持ち、理性的にコントロールできるなら、慢がワクチンのようにあなたを助けてくれることもあるのです。

「立派な人と等しくなりたい」というのは高慢ですが、「自分を育て、立派な善い

人間に成長したい」という理性的で謙虚な思いがあれば、その気持ちはあなたが成長し、人格者になることをサポートしてくれるでしょう。

前述したとおり、慢をエネルギーとして活用すると、慢は癖になり、性格になるので、自分を奮い立たせるために使ってはいけません。しかし、慢が危険なものであることを十分に理解したうえで、一人前になるために、立派な人と自分とを比較してそれを目指そうとするのであれば、慢を拠りどころとしてもよいのです。

似ているように感じるかもしれませんが、「ライバルに勝ちたい」「自分も同じように周囲に認められたい」という気持ちと、「自分を育て、立派な善い人間に成長したい」という気持ちには、大きな差があるのです。

善いプライドを持つ

まだ悟りに達する前の修行時代、お釈迦さまはアーラーラ・カーラーマとウッダカ・ラーマプッタという二人の仙人の前で、「自分にもできるはずだ、できないはずがない」と自分を奮い立たせて、最高レベルの禅定《ぜんじょう》（精神を集中し、寂静の心境に至ること）に達したそうです。

釈迦族の王子でもありましたし、お釈迦さまもおそらくプライドが高かったはずです。プライドといっても、それは「善いプライド」です。釈迦族はプライドがとても高く、人格が立派だったとされています。プライドが高い民族だからといって、わがままが我を張っていたわけありません。善いプライドがあればこそ、自分がなすべきことをしっかりとやり、自分を成長させるための努力を続けられるのです。

人には「怠けたい」「頑張りたくない」という気持ちがあるので、為すべきつとめを果たすのは案外難しいことです。１００やらなければいけない仕事があるのに、60しかやらずに後回しにすることはよくあります。すると翌日には、１４０の仕事が積み上がりますが、また60しかやらない。すると次の日には、１８０の仕事が溜まってしまうことになります。**怠けによって、雪だるま式に人生の苦しみが増えるのです**。反対に、怠ける気持ちに日々打ち勝ち、自分がなすべきことを日々続けていけば、気楽で充実感に満ちた人生を送れるようになります。

怠けないことで得られる心の余裕とエネルギーは、さらに高度な目標に挑戦するための、より善いプライドを心にもたらしてくれるでしょう。

習慣の力を借りる

何かを習得するためには、繰り返し行って習慣にしなければいけないという側面があります。たとえば、子どもが歯磨きを習慣にするには、毎日繰り返し歯磨きをすることが大切だと教え、一緒に磨き、実際に自分でさせて訓練し、親が何も言わなくても自然に歯を磨けるようにする必要があります。修行僧が瞑想をするのも同じです。毎日瞑想をして、習慣にしなくてはいけないのです。

脳の回路は、繰り返しやらないとスムーズにつながりません。私たち人間は、生まれて一度や二度、何かを見たりやったりしたくらいでは、それを知識にしたり、身につけたりすることはできないのです。

何度も何度も繰り返すことで、しっかり知識として残り、また技術として身につくのです。スポーツの技術を身につけるのも、英単語を覚えるのも同じことです。

脳の回路をつくるうえで、繰り返すという作業は欠かせないのです。これは生命のカラクリがそうなっているので、逆らうことはできません。

また、私たちの脳は、必要に迫られたときは一生懸命に回路をつくろうとするのですが、使わなくなった回路は不要と考えて退化させてしまいます。学生の頃に必死に覚えたことも、脳が不要だと判断すればすっかり忘れてしまうのです。

脳の成長も、心の成長も繰り返し行うことでしか起こりません。感情に流されないようにしようと思っても感情に流されますし、人と比べないようにしようと決めても比べてしまいます。少しずつやっていくしかないのです。

「今日は人と他人とを比べて高慢になることをやめよう」として一日を過ごしたとします。人は会う人、会う人と自分を比べますから、そんな簡単にはうまくいきません。それでも、翌日も高慢にならないように気をつけるのです。何度も繰り返しているうちに、どんなときに自分が高慢になりやすいのかが理解できるようになりますし、高慢になりそうなときにブレーキを踏めるようになります。

気をつけることが習慣になれば、ブレーキを踏んでいる状態がノーマルな状態になります。最初は苦労するかもしれませんが、失敗したとしても習慣になるまで続ければ、自然にできるようになるのです。

不安や心配が芽生えたらデータに立ち戻る

お釈迦さまが、太陽や海であっても、やがて消滅してしまうのだと弟子に話したエピソードを第1章で紹介しました。この世に不変のものなど一つもありません。世の中は無常で変化するものです。しかし、いい加減で、デタラメな変化をするわけではありません。**自然の、宇宙の法則に沿って変化します**。

たとえば、庭にカボチャの種をまいたとしましょう。うまく育ってカボチャの実がなるかどうかはわかりませんが、そこからリンゴの木が育つことはありません。とはいえ「実がなるか不安だ」といってずっと見守っていても意味はないでしょう。心配したからといってカボチャが育つわけではないのです。

世の中は無常ですが、変化にはパターンがあります。そして、世の中には先人たちが蓄えてきた知識のデータがあります。たとえば、カボチャをうまく育てるためには、いつ種をまくべきなのか、どんな土が合っているのか、水はどの程度必要で、肥料は何が適しているのかといったことは、調べればわかることです。そのようなデータを調べてから、カボチャの栽培に取り組むのが正しいやり方でしょう。

データを揃えたからといって、絶対に成功するかどうかはわかりません。それでも、努力によってその確率を高めることはできるのです。不安だからといって、必要以上に水をやり過ぎれば逆にカボチャを枯らせてしまうかもしれません。それと同じように、**感情に流されて行動をしてもよい結果が得られることは少ないのです。**

成功した経営者やうまく利益が出せる投資家は、サイコロを振って決断したり、占いで物事を決めたりしているわけではありません。未来のことは誰にもわからないことを理解したうえで、データや知識を活かして、近い将来を高い精度で推測しようとしているのです。

不安や心配を感じた際、感情に流されて判断したり、やみくもな行動をするのは、馬鹿げています。明日が大事な試験だというとき、不安になって徹夜で何かを覚えようとしても、覚えられることはたかが知れていますし、寝不足ではよいパフォーマンスは発揮できないでしょう。合理的に考えれば、やるべきことは早く寝てコンディションを整えることだとわかるはずです。

不安や心配はあってもいい

不安や心配を抱えると、それを消したいという気持ちが起こるものです。自分と他人とを測って将来のことが不安になったり、自分を取り巻く環境が変化して心配になったりすることがあると思います。

感情に流されて、「不安だ、不安だ」と呪文のように唱えている状態は問題ですが、不安や心配自体が一概に悪いというわけではありません。病気や死を恐れない生命はいませんし、むしろ恐怖を感じるからこそ、なんとか生きていられるのです。

人は食事をしなければ生きていけませんから、空腹になれば食事の心配をします。仕事をサボりたくても「何もしなければごはんが食べられない」「家賃が払えなくなる」といった不安がまさって仕事を頑張ったりします。**不安や心配に飲み込まれてしまうのはよくありませんが、不安や心配が悪ということはないのです。**

たとえば、会社の経営はある程度の不安を持っていないとうまくいきません。刻一刻と変化する世の中の流れの中にいて、会社を維持しようと思えば、常に先を読んで行動しなければいけません。

社会情勢が不安定になれば、会社の売り上げに影響がないか心配するでしょう。材料費の高騰や円安が続けば、心配になって対策を練るはずです。新しい製品を打ち出すことになったら、売れるか売れないかが心配になり、どうやったら売れるのかを必死に考えるでしょう。

ライバル企業が現れたり、自社のフィールドに大手企業の参入があったりしたら、不安になって会社が生き延びる方法を真剣に検討するでしょう。

誰だって具体的に先が読めるわけではありませんから、少なからず不安や心配を抱えるものです。でも、それが理性的な危機感であればむしろよいことなのです。

あなたが働いている会社の社長が、会社が赤字なことを心配しない、売り上げが落ちていることを不安に感じない、社員が立て続けに辞めていることをまったく心配しない人だったら、どうでしょうか？　その社長のもとで働くことが不安になってしまうのではないでしょうか？

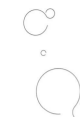

歳をとると「慢」が強くなる？

よく歳をとると頑固になるといわれます。これは、人間は年齢とともに高慢になるということなのでしょうか？　結論からいえば、すべての人がそうなるわけではないにせよ、人間には年齢とともに頑固になる傾向があるといえるでしょう。

歳をとったからといって、ある日突然頑固になるわけではありません。加齢とともに、筋力が衰えたり、骨が弱くなったり、視力が低下するのと同じように、少しずつ、ジワジワと頑固になっているのです。体が痩せて骨ばってくるのと同じように、もともと持っている慢が他人から見えるようになるのです。

生きている限り、毎日、毎秒、私たちは何かを経験します。生きていれば当たり前のことで特別なことではありません。ごく自然なことです。

ここに**自我が加わると、経験は見解（＝自分の意見）になります。歳をとれば、**

その分だけ経験年数が増えるので、見解も多くなります。

人は、日々の経験を自然に活かして生きています。毎日、手術をしている医師は、過去の経験を活かしながら手術に挑んでいるでしょう。「手術の経験をどこに活かそうか」「この手術ではどの経験を活かせばよかっただろうか」などとは考えずに経験を活かしているでしょう。

美容師の人もそうです。毎日お客さんの髪を洗い、散髪をし、翌日にはその経験を活かして、髪を切っているはずです。

このように、私たちは毎日何かを経験し、それを活かしながら仕事をし、生活をしているわけです。

経験はとても大切なのですが、それが見解となり、その見解に執着すると大変です。世の中は無常ですから、常に変化していきますし、科学も日進月歩です。10年前の常識が今の非常識ということはありますし、昔は正しいとされていたことが間違っていたと判明することもあります。

そのことを忘れ、見解にしがみついてしまうと、頑固になったり、頭が固くなったりします。年寄りの頑固さは、このような流れで起こるのです。

頑固な心を遠ざけ、心を自由にする

頑固は人生の大敵であり、大人の専売特許です。子どもは変化し続ける毎日を受け入れ、それを楽しむ天才なので、「頑固な子ども」というのはなかなか見当たりません。

歳をとってくると、人は変化を受け入れなくなり、自分の見解に執着し始めます。特に成功した経験は強い感情と結びついて見解となり、しがみつきやすくなります。過去の栄光に執着し、昔話ばかりする大人がいるのはそのためです。

頑固になると、人は生きにくくなります。心の柔軟性を失えば、まわりの人は離れていってしまいますし、家族からも疎ましく思われてしまうでしょう。

そうならないためにも、理性が必要です。科学の世界では、それまで人間が知らなかった事実が次々に発見され、データが更新されていきます。新しい見解が現れてデータで裏づけされたら、古い見解は捨てなくてはいけないのです。多くの経験をしてきたとしても、自分の見解は古くなっているかもしれないことを理解し、常に学び、自身をよりよくしようとする姿勢が大切です。

「私はたくさん経験してきたのにまだ学ぶのか」と思う人がいるかもしれませんが、そのような考えこそ高慢であり、頑固な証拠です。

人間は死ぬまで学び続ける必要があります。年齢を重ね、たくさんのことを経験し、自分の見解に執着すると、たとえば、会社の部下や息子や娘の行動にあれこれと口出ししたくなります。自分の見解と照らし合わせ「それは間違っている」「これをやるべき」「そんなこともできないのか」などと言いたくなるわけです。

アドバイスはしたとしても、相手の意見を聞くこと。そして、自分の意見が間違っている可能性があることを常に頭の片隅に置いておきましょう。それが職場や家庭で無用なトラブルを起こさず、頑固な人間だとレッテルを貼られない秘訣です。相手が部下だから、子どもだからといって自分が正しいとは限りません。

世の中にはいろいろな見解があります。同じテーマで書かれた本を読んでも視点が違えば、内容はガラリと変わります。一つの事件についても、複数の新聞を読み比べると、見解が違うことがわかります。自分と違う多くの見解に触れ、それを否定せず「そういうものか」と受け入れる柔軟さが大切です。

頑固や傲慢は自分でなおすもの

自分が傲慢になっていないか、頑固な性格になっていないかと気になる人はいるでしょう。第2章で説明したとおり、慢は体重や血圧のように機械を使って計測して数値化することはできません。それでも、自分がどれだけの人に優しくできているかを問うことで、自分の中の慢が異常になっていないか、度を越していないかを判断することはできるのです。

たとえば、あなたが知人や会社の同僚などに「僕は傲慢になってないかな?」「頑固な性格だと思う?」と訊ねても、ほとんどの場合「いやいや、そんなことはないよ」という返事が返ってくるでしょう。もしかしたらあなたのいない場所では「あいつは傲慢だ」「困った頑固者だ」と陰口を叩いているかもしれませんが、面と向かって相手の悪いところを指摘する人は少ないものです。

家族に聞けば、子どもからは「お父さんは頑固だ」、妻からは「あなたは昔から頑固だ」とズバリと指摘する答えが返ってくるかもしれません。でも、あなたはそれを聞く耳を持っているでしょうか？「家族だからそう言っているだけで、私は頑固じゃない」と思うのではないでしょうか？　結局のところ、自分を観察し、自分で気づくしかないのです。

反対に、家族や友人に傲慢になった人、頑固になった人がいたとしましょう。会話の中で「その考えはちょっと傲慢じゃないか」「それは頑固ではないか」と伝えるのはかまいません。しかし「あなたはその傲慢を治すべきだ」とか「その頑固さをどうにかしてください」などと言って、**相手を正そうとするのは、自分の傲慢です**。人には、他人の傲慢をなおすことはできません。

周囲ができるのは、自動車でいうナビゲーションの役割だけです。右に曲がったほうがよいとは伝えるべきですが、横からハンドルを奪おうとしたり、運転を代われと迫ったりするならば、それは傲慢です。ナビゲーションの仕事はアドバイスに徹することで、自動車の運転ではありません。その線引きを理解しないと、ケンカになって人間関係が壊れるだけなのです。

他人より自分を観察すると、不安は小さくなる

不安や心配、怒りや嫉妬といった感情に流されず、理性を働かせて心を穏やかに保つためには、自分を観察することです。つまり、自分の心を観察することが欠かせないのです。

それなのに、人間はなぜかあまり自分のことを見ようとしません。反対に、他人のことばかり見て評価しようとします。「頑固だ」「偉そうだ」「暗い」「明るい」「ネガティブだ」「文句ばかり言っている」「怒ってばかりいる」「ヒステリックだ」「ケチだ」「冷たい」「頭が悪い」「賢い」などと、自分の物差しを使って他人を評価してばかりいるのです。

自分のことはよっぽど見たくないのか、いつも棚上げにします。しかし、**不安や怒りといった感情を小さくするためには、他人ではなく自分を観察しなくてはいけ**

ないのです。

小さな火種の段階で気づいて消すことができれば、火も大火事にはなりません。山火事が起こってから消火しようとしたら、大変な労力が求められます。不安や怒りも同じことです。

悪感情が心の中で膨張する前に気づいて対処できれば、精神的な病におかされることはないのです。

とはいえ、誰かに何かを言われて、「嫌だな」と感じたり「なんて失礼な！」と怒りを覚えたりすることもあるでしょう。そういう場合、相手の言葉に原因があり、すべてはその人のせいだと思いがちですが、嫌だと感じたり怒りを覚えたりしたのは自分です。

自分自身に原因があるとは認めたくないものですが、怒りは自分の自我（の錯覚）が生んだ感情なのです。

他人を観察すると「あの人の言葉が悪いから嫌だと感じるのだ、怒りを覚えるのだ、あの人が悪い」という気持ちになりますが、それでは自分の悪感情を正当化して、心に根深く埋め込んで、育てることになります。

世界全体にしつけを施して、世界全体によくなってもらおうとしても、そんなことは不可能です。**私たちに他人を管理することはできません**。

自分の管理下にないものを制御しようとするのは、桁違いの傲慢であり、はなはだしい過ちです。しかし、自分を制御することならば、その気があれば可能です。

そういうわけで、常に自分を観察する習慣をつけなくてはならないのです。

他人のことは措《お》いて、自分の心を観察することです。自己観察を習慣づけることで、感情が暴走する危険も少なくなっていくのです。

心を落ち着かせて状況をよく観察する

子どもが「学校に行きたくない」と言い出したら、周囲の大人は慌てふためくものです。ろくに話も聞かずに、「そんなことを言わずに学校に行きなさい」と命じてしまったりします。しかし、心を落ち着かせ、その状況を少しでも理解しようとすれば、見え方が変わってきます。「この子の心の中に、学校に行きたくない理由が何かあるのだ」というところに考えが及ぶのです。

客観的に状況を観察することを怠ると、感情や妄想が暴れ出します。「学校の授業に遅れたら大変だ」「こんなことでは受験に失敗してしまう」「近所の子はちゃんと学校に行っているのに」などと、子どものことは考えず、自分のことばかり考えます。そして、よく考えることもせずに「学校に行け」と言ってしまうのです。しかし、子どもは親の奴隷ではありません。頭ごなしに命令したとしても、その子の悩みは解決しないのです。

トラブルが起きたときは、まずは心を落ち着かせて、状況をよく観察する必要があります。自分を観察する力も、状況を観察する力も、今日明日でいきなり身につけられるものではありません。**観察を続けることで、観察力が身につくのです。**

あなたが楽器の練習をしているとしましょう。最初は音を鳴らすことに必死かもしれませんが、練習を続けて上達すると、自然と観察力が育っていきます。楽器のコンディションや、部屋の大きさでも音が違うことに気がつきます。

プロの演奏を聴いたとき、その楽器の練習をする前の自分にはまったく気がつかなかったことに気づくようになります。自分の技術力が上がったことで、プロの技術の高さがわかるようになるのです。観察力が高まると、練習にも工夫するようになります。いろいろな演奏方法を試してみたりプロの真似をしてみたりするのです。

眼の前の状況を観察する力についても同じことがいえます。日々、理性的に観察することを心掛けて習慣にすれば、物事を観察するポイントがわかってきます。また、観察するときの視野も広がっていきます。結果として、さらに観察力が高まっていくのです。

本当に必要なものは、案外多くない

現代社会を生きるうえで、「お金がない」というのはなかなか大変なことです。高齢者の方なら、年金だけで暮らしていけるかと不安に感じるかもしれません。また、定職に就けず将来を心配している若者もいることでしょう。

お金がない状況は苦しいかもしれませんが、決して悲しいことではありません。一般的に、何かを手に入れることは、幸福であるとされています。お金がある、美しさがある、健康がある、名誉や権力がある、物をたくさん持っているといった状況を多くの人が幸福であるとしています。

たくさんのものを得る人生が幸福だと思っているのです。しかし、財産や名誉、権力がないと幸せだと思えないとしたら、その幸せは脆《もろ》く、崩れやすく、不確かなものでしかありません。

何かが「ある」幸せというのは、同時にその何かに依存している状態です。世の中は無常ですから、そんな幸せがいつまでも続くわけがありません。

有名企業で働いている自分が幸せだと思っていても、その会社がいつまでも存在するわけではないのです。どんな企業でも倒産する可能性があるし、業績不振などで自分がリストラされることもあるでしょう。

豪邸に住んでいる自分は幸せだ、と思う人もいるかもしれません。しかし、地震などの災害でその家が壊れることだって考えられないことではないのです。あるいは、収入が減って、家を手放さなくてはならなくなるかもしれません。

このように、何かに依存した幸せはどう転んでも儚《はかな》いものに過ぎないのです。

私に必要なものは何か

そもそも、人間は何も持たずに生まれます。ビジネスで成功して大金を得たとしても、それは本質的にはその人のものではありません。人が持っているものは、財産だけでなく自分の肉体も含めて、地球上の物質をこね回した代物を期限つきで借りているに過ぎないのです。

人間を含めて地球上のすべての生命は、地球にある物質を借りて生きています。所詮は借りものですから、死ぬときも何一つ持っていくことはできないのです。生命は皆、生まれたときと同じく、裸で死んでいくしかないのです。いくら財産を持っていようが、死ぬときは必ずゼロになります。

お釈迦さまがダニヤという牛飼い（財産家）と対話した経典（スッタニパータ収録）をご紹介します。

「私には子牛も乳牛もいる。子を宿した雌牛もいる。若い雌牛も雄牛もいる。だから、人生は安全である」と威張るダニヤさんに対して、お釈迦さまは次のように答えるのです。

「私には子牛も乳牛もいない。子を宿した雌牛もいない。若い雌牛も雄牛もいない。だからこそ、安穏に生きているのだ」と。

「心の安らぎを得るために、財産など必要ない」とお釈迦さまは言っているのです。

人間として、最低限必要なものは何かと知っておきましょう。それを発見したところで、自分がすでに恵まれていることに気づくのです。

必要最低限という基準で考えると、ほとんどの人々は恵まれているどころではなく、恵まれ過ぎなのです。

生きるうえでどれだけのものが必要なのか。自分と向き合って一度じっくり考えてみてください。必要なものは、案外多くないはずです。

しかし、ここでまた他人と比べると大変です。必要がないのに「同級生のあいつは月に100万円の収入があるようだから、自分も同じくらい稼ぎたい」「自分は兄なのだから弟よりも大きな家に住みたい」「同僚が課長になったから、自分は部長になりたい」などと考えると、人生はどんどん苦しくなります。

豪華な暮らしや贅沢な暮らしは、人生に不可欠なものではありません。一般的にそれが幸せだと勘違いされていますが、それは妄想です。

一人ひとりが自分にとっての優先順位を決めておかないと、不安や苦しみ、悲しみなどに溢れた人生を歩まなければいけなくなります。

人生が幸せであるかどうかは、物質ではなく心が決めるのです。山のような財宝に囲まれて、豪邸に住み、数えきれないほどの資産を持っていても「まだ物足りない」と思っている人は、幸せとはいえません。

一方で、明るく生きようとする人にとっては、お金がないことも大した問題ではなくなってしまいます。

お釈迦さまは「子がいるものは子で悩み、牛を持つものは牛で悩む。執着に値するものは人間にとって悩みである。無執着の人に悩みはない」と、おっしゃっています。

世間が妄想でつくった価値を追いかけるのではなく、理性を働かせてシンプルに生きれば、不安や苦しみの量は減るはずです。

今、直面している現実は今ここだけ

将来に期待をするとワクワクするものですが、一方で未来のことを考える度、不安に駆られます。「ずっと健康でいられるだろうか？」「年金だけで生活することができるだろうか？」「自分がいなくなったらこの会社はどうなるのだろうか？」「私が死んでしまったら家族はどうなるのだろうか？」などと、心配ばかりしています。

心の不安定は、過去のできごとに悩んだり喜んだりすること、未来について不安に思ったり期待することによって起こるのです。

実際にその人が直面している現実とは、今の瞬間のみです。それなのに、今に集中することができず、過去や未来に引っ張られて苦しむ人が多いのです。

しかし、未来のこと、他人のことは管轄外のことであって、**私たちにできることは今日をどう生きるか、今何をするかだけです。**管轄外のことを心配するのではなく、自分に管理できることだけをしっかり管理すべきなのです。

あなたが自動車を運転しているとしましょう。反対車線の車が危険な蛇行運転をしていたらどうするでしょうか？　その車を止めようとしたり、対向車に向かって注意したり、「どうしてこの道には中央分離帯がないのだ！」と嘆いたりはせず、とにかくぶつかられないように路肩などに逃げ込むでしょう。警察に通報するのは、自分の安全が確保されてからです。どんなに安全に気をつけて運転していても、事故に巻き込まれることはあり得ます。それでも、それだからこそ、今ここで自分ができることに集中すべきなのです。

他人がやっていること、言っていることなどを考えて、悩んだり怒ったりしても何の役にも立ちません。自分が何をしているのか、それを正しくやっているのかということだけ、気をつけるべきなのです。

自分の子どもや会社の部下にアドバイスはできますが、彼らの管理はできません。そもそも管理できない対象を思いどおりにしようと踏ん張るから、かえって問題が複雑化するのです。自分で管理できることと、できないことを区別して、管轄外のできごとに悩んだり心配したりせず、今ここで自分のなすべきことをしましょう。

すべての悩みは等価

生きとし生けるものの権利は、すべて平等です。人間が偉いとか、ネズミが偉くないとか、そういう序列はないのです。

私たちには他者に怒ったり、他者を蔑《さげす》んだりする権利は微塵もありません。もしそういう振る舞いをするならば、その人は平等という真理を理解していない証拠なのです。また、**すべての生命にはそれぞれの悩み、苦しみがあって、それらは等価です**。誰かの悩みが特に重要だということはありません。

学校の先生と生徒も平等です。生徒の悪い言動を大人として注意することは必要ですが、むやみに怒鳴りつけたり体罰を行ったりする権利はありません。それをしようとする先生がいるのなら、生徒のことを平等な人間だと思っていないからです。

世の中では、他人を愛することは素晴らしい道徳だとされています。しかし、現実を観察すると何かがおかしいのです。皆、すべての生命を満遍なく愛しているわけではありません。自分の仲間に対しては愛情を抱くのに、敵やライバルに対しては愛情のかけらも起こそうとしないのです。

自分の存在を肯定し、助けてくれる生命に対しては愛情が湧くのに、自分と違う生き方や考え方、信仰などを持っている人に対しては、仲間意識が生まれず、愛情も起こりません。むしろ偏見を持って敵視してしまうのです。

真の愛とは、親しい人だけではなく、敵も愛することだとよくいわれます。でも、どれだけの人間がそれを実行しているでしょうか？　声高に愛を語る人々が、特定の国を敵国だと決めつけて爆弾を落とし、破壊活動をしているのが現実です。欲と慢は人間の本能なので、説教しただけでなおるものではありません。世界平和のスローガンを叫ぶだけでは、世界は平和になりません。

現代人はひっきりなしに国際会議を開いたり、国際条約を結んだりもしていますが、人間同士が醜い争いを続ける状況は変わりません。人類はいまだに、理性によって自我の暴走を制御すべきことをわかっていないようです。相変わらず分厚い無明に覆われたままで、平等という真理に達することができずにいるのです。

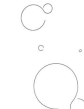

究極の幸福は「慢」を根絶すること

人間はいつの間にか、自分で何でも決められて、あらゆるものを管理できるという傲慢な思い違いをするようになったのです。

実際には、親があなたを産み育て、教育を施してくれたからこそ、これまで生きてこられたのです。さらに、周囲の人がさまざまなことを教えてくれたことも忘れてはなりません。自分で考えて決断したと思っていることも、完全な自分のオリジナルということはありません。身につけた知識や経験は自分が生きる環境の中で培われたものですから、周囲のおかげであり、社会のおかげなのです。

人生を自分で何とでもできると思ってしまうのは、大いなる勘違いであり、傲慢な考え方というしかありません。

あなたは、ジェイムズ・ウェッブ宇宙望遠鏡やハッブル宇宙望遠鏡がとらえた遠い宇宙の画像を見たことがあるでしょうか？　これらの望遠鏡は数十億年前、百億年前の光をとらえます。宇宙全体の歴史から見れば、人類の歴史など極めて短いものですし、人間を含む地球上の生命の生涯は一瞬のできごとです。

無限の宇宙に比べたら、地球上で一瞬だけ活動する私たちがいかに小さい存在なのかがわかるでしょう。

一瞬の人生の間に、お互いに小さな存在である他人と比べて、傲慢になったり、卑屈になったり、ケンカをしたり、噛みつき合ったりしているのです。どうしようもなく無知で、馬鹿げたことだと思わないでしょうか？

人間は生きるために大げさな意味をつけたがりますが、生きることに生まれつき備わった意味などないのです。

せっかく地球の一員、この宇宙の一員として生まれてきたのだから、精一杯生きること。ただ、そこに生まれたものとしての役目を果たすだけでよいのです。

人間は自我の錯覚のせいで、自分は偉いと思い込んでいます。しかし、理性を働かせて客観的に見れば、自分とはほんの小さな存在だと理解できるはずです。

ブッダの道は、**自己観察によって自我の錯覚から目覚める道**です。自分の小ささに気づくことは、その第一歩になります。ですから、理性を活かす生き方を実践して、人生を破壊に陥れる危険性をはらんだ「慢」というウイルスを徐々に退治していきましょう。

ブッダが教える究極の幸福・安穏とは、慢を根絶することによって現れる境地なのです。

第5章

心配ごとをブッダに相談してみよう

Q

将来の心配

老後の生活のことが不安で仕方がありません。

まだ40代ですが、老後のことが心配です。貯金は多くありませんし、定年後に働くことができるかもわかりません。年金も、自分たちの世代は期待ができなさそうです。どうすれば安心した老後が送れるのでしょうか？

A

将来のことを心配するよりも、今に最善を尽くします。

20年、30年、そんな先のことは誰にもわかりません。

20年、30年前のことを思い返してみてください。現在の自分の状況を正確に予測できたでしょうか？　現在の世界情勢が推測できたでしょうか？　おそらくまったくわからなかったはずです。

遠い未来のことは誰にもわかりませんし、正確に予想することはとても難しいのですが、近い未来のことになるとなんとなく想像できるようになります。たとえば、20年後、30年後ではなく、2年後、3年後のことであれば、自分の状況をある程度イメージできるのではないでしょうか？

40代の現在は、70歳になったときのことはまったく予測がつかないでしょう。しかし、50歳になったときのことなら、どんな仕事をしていて、どんな健康状態かぐらいは想像できますよね。ですから、50歳のときのことはさほど心配していないのです。

イメージができる近い将来は不安ではなく、イメージし難い遠い未来が不安だということは、老後のことは老後が近づけばわかってきて、不安も小さくなるということです。

わからないことをいくら心配したり、悩んでいても、心が疲れてしまうだけで得られるものがありません。

自分の管轄外の未来に思い悩まずに、自分が管理できる今に集中していれば、心は楽になるはずです。

Q 将来の不安

パンデミックがまた起こるのではないかと心配です。

新型コロナウイルスの流行は収まりませんし、最近は海外でサル痘が流行り出したとも聞きます。今後も新しいウイルスの流行が何度も起こるのでしょうか？　ワクチンやマスク、手洗いうがいなどできる対策はしているつもりですが、新型コロナウイルスの感染が拡大する度に不安になります。

A

ウイルスの流行は自分の管轄外のこと。

ウイルスにはウイルスの、細菌には細菌の生存戦略があります。人間がそうであるように、すべての生命は必死に生きようとしているのです。それを完全に管理しようというのは、傲慢な考え方だといえるでしょう。

今後も別のウイルスが流行ることがあるでしょうし、パンデミックも起こるかもしれません。**世界は自然の法則に従って動いているだけで、それを人間がコントロールすることはできないのです。**

どうなるのかわからないものをいくら心配したところで、答えは出ません。私たちにできることは、理性を働かせてデータに基づいて判断をしていくことです。それらをせずに「不安だ、心配だ」と嘆いてもパニックになるだけで、安心できることはないでしょう。

新型コロナウイルスについても、少し調べれば、ワクチンの有効性がどの程度なのか、重症化率はどの程度なのかということはわかります。現状は、従来の風邪よりも少し厄介だなという程度でしょう。

できる対策をして、それでも感染してしまったら仕方がありません。今までも、風邪をひいたら休んでいたでしょう。それと同じです。発熱したのなら、体を休ませてあげればいいのです。

病気になるかどうかを心配しながら生きるのではなく、今自分が何をすべきなのかを考えるほうが理性的です。

Q

将来の不安

仏教は「今が大事」といいますが、リスクマネジメントはないのですか？

日本には「転ばぬ先の杖」ということわざがあります。世の中では「将来への備えを」といわれることが普通です。これに対して仏教では、「今を生きること」「将来を心配しないということ」が強調されます。どう考えればよいのでしょうか？

A

リスクマネジメントとは「今」の問題です。

たしかに、現代社会には「リスクマネジメント」という単語があります。しかし、実際は誰もリスクマネジメントなどしていません。
大変なのは「今」です。今何とかしなければいけないのです。将来をあれやこれや考えても意味がありません。飛行機のパイロットは精密にハザード訓練をしているでしょう。彼らは、飛行機がちょっとしたことで墜落するのは「今ここ」の現実だと知っているからです。危険が現実だと理解して対応するならば、その分は確実に安全になります。

私たちは、将来を妄想して偽善世界に生きることをやめるべきです。リスクマネジメントは、現実であって今の問題なのです。

人間はどうしても、見えないからこそ先を見ようとします。それで却って足下が見えなくなるのです。足下が見えなければ、当然、倒れます。今の現実の自分をしっかり見据えることが、即ちリスクマネジメントです。ビジョンではなく現実を見るべきです。

将来を気にしても、仕方がありません。「老人が転ばないように杖を持って歩く」「運転する前に道路標識を理解する」。これは、今の現実への正しい対処です。でも、将来が不安だからといって、若者が杖を握りしめても意味がありませんね。

日々、トラブルは起こり得るのです。常に現実を見て、その都度適切に対応するべきです。

Q 将来の不安

未来はわからないということですが、お釈迦さまは助けてくれないのでしょうか？

「将来はわからないのだから目標を立てなさい」と教えられました。お釈迦さまに祈っても、いい未来は叶えられないのでしょうか？

A 目標を立てて体を動かします。

未来はわかりませんが、目標は立てなくてはいけません。とにかく、目標がなければ体も動きません。ややこしいですね。今やることの結果は、やってから現れるものです。ですから、私たちは、未来はわからないけれど、いろいろなことをしなくてはいけません。生きることは、本当にめんどうなのです。

「未来のことがはっきりわかっていれば、しっかりやれるのに」と思いますが、それは勘違いなのです。未来がはっきりわかっているならやる気はなくなります。本当は、未来がわからないからこそやる気が出てくるのです。

ですから、普通に目標を立ててもかまいません。しかし、あまりにもヘンテコリンで、観念的で、現実離れした目標というのは失敗してしまいます。ある程度までデータを調べ、成功率を高くしましょう。

そして「これくらいなら実行可能だ」という程度の目標を立てるなら問題ありません。データをとるときも感情的にならないで、現実的に観るのです。「このようにすれば、こんな結果になるだろう」ということで、「では、この結果を目指して頑張ろう」というふうに目標を立てるのです。

未来は読めないからこそ楽しい

未来は読めないからこそ、楽しいのです。必ず試験に合格すると決まっていたら誰が勉強しますか？　する気になりませんね。競争率が上がれば上がるほど頑張ろうと思うものです。たとえば、ある資格取得を政府が1年に１００人しか許可しないと決めたとしましょう。今年は試験を受けるのは100人だけ。当然、皆合格します。でもそれでおもしろいでしょうか？　将来を知らないことはそんなに悪くないのです。私たちはただ勘違いしているだけです。将来を知らないことで、世の中が成り立っています。それが現実です。だからこそ皆頑張っているのです。

なぜ、刑務所を皆嫌なところだと思っているのでしょうか？　答えは、すべてが決まっているからです。寝る時間も起きる時間も、三度の食事の時間も食べる量も、運動する時間も、何から何まで決まっている。日本の刑務所に入って、たいていシャバにいたときより健康な体で出てきます。でも、刑務所には入りたくないでしょう？　おもしろくないからです。「挑戦」がないのです。ですから、晩ごはんが食べられるかどうかという不安な状態でいいのです。そうすると、何としてでも晩ごはんを食べてやるぞ！　という気持ちが湧いてきますし、何とか頑張れます。

未来はわからない・知らないということが現実であり、それはどうすることもできませんし、未来を知る方法は存在すらしませんが何の問題もありません。私たちは未来を知らないからこそ頑張っているのです。

宗教は未来を語る

このテーマは、宗教の世界にも少々触れなくてはいけなくなります。

世界の宗教は派手に未来のことを語りますが、外部には知り得ない現象なので入信しなくてはいけません。信仰を持っている人々は、神さまなどを信じて、将来がわからないという現実をスキップするのです。

これは正しい生き方ではありません。信仰を盾にすると、理不尽な、大胆な、反社会的なこともできてしまいます。また、何の仕事もせず、「神さま、私を億万長者にしてください」と一生祈りに耽《ふけ》ることもできてしまうのです。

信仰が決定権を握っている世界では、悩み・苦しみ・落ちこみ・争いが多いのです。理性を重んじるブッダは、決して信仰を判断材料にはしません。ですから、仏教徒は「お釈迦さまが助けてくれるから大丈夫」とは思わないのです。**自分自身で客観的に物事を考え、データを調べてから目標を立てるのです**。客観的に判断することで目標に達する確実性が高くなります。

Q 健康の心配

ずっと健康でいられるかが心配です。

毎年健康診断を受けていますが、数字を見ると10年前に比べて明らかに健康状態が悪くなっているのがわかります。病気になるのが心配で、食事にもそれなりに気を遣い、運動もしています。お酒も飲みませんし、タバコも吸いません。それなのに体は弱っているようです。どうすれば健康で長生きできるのでしょうか?

A

健康でいることは人生の目的ではありません。

健康であるのはよいことです。しかし、健康であること、病気にならないこと、そして長生きすることが人生の目的であるかのように生活するのは、少しおかしな話ではないでしょうか？　そもそも、健康でいたい、長生きしたいと思ったからには、その先に何かしらの目的があったはずです。ゴルフをしたかったのかもしれませんし、山登りがしたかったのかもしれませんし、仕事をずっと続けたいと思ったのかもしれません。健康はその目的を叶えるための手段だったはずです。

本来の目的を忘れて、健康や長生きに執着して悩むのは自分のためになりません。病気にならなくても、人はいつか死にますし、いくら健康でも事故に遭うかもしれません。体が老いることは当たり前のことですし、加齢とともに体のどこかに不自由が出てくるのも当然のことです。必要以上に気を遣っても仕方がないのです。

生老病死は、自然法則です。自然法則に抗《あらが》っても、心身が蝕まれるだけです。

歳をとることも、死ぬことも、病気になることも自然の法則なのだから「そういうものだから仕方がない」と受け入れられれば、心が穏やかになり、落ち着いた生活ができるでしょう。

「病気になるかもしれない」「死ぬかもしれない」と、いつも不安でいては、心が疲れてしまいます。それよりも、今日生きていること、今日元気であることを喜べばよいのです。

Q 親子の不安

子どもの将来が心配です。

自分が大学に行かずに苦労したので、子どもには大学を出てもらいたいのですが、なかなか勉強をしてくれません。興味があることで伸びてくれればいいと考え、さまざまな習いごとをさせてみましたが、どれも続きませんでした。健康でいてくれればいいと思う反面、ちゃんと働いていけるのか心配な気持ちがあります。

A

子どもがどんな仕事に就いて、どう生きていくかは、子どもが決めること。

若い両親と子どもがつくる家庭は、互いに依存し合うことで、家庭を築いていきます。人生のある時期においてそれは欠かせないもので、重要です。

しかし、世の中は決して現状維持されることはなく、変化をしていきます。時が経てば、子どもたちは、やがて独立していきます。親が心配せずとも自分の居場所を他に見つけます。子どもにとって親離れするのは、生きていくうえで必要なことです。あなた自身も、同様のことを経験してきたはずです。

子どもの将来というのは、親に管理できるものではありません。親が子どもに「野球選手になってほしい」「医者になってほしい」「弁護士になってほしい」などと願ったところで、子どもがそれを望んでいるかどうかはわかりません。**管理できないことは考えても仕方ありません**。親ができるのは、子どもが社会で生きていくために不可欠なマナーやルールを伝え、それがどうして必要なのかを教えるしつけです。

子どもが独立してどう生きていくのかは、子どもが決めることなのです。よけいな口を挟んだり、手出しをすると、不必要なトラブルが起こるだけです。

子どもがどうやって生計を立てていったらいいのか、どうしたら幸せな結婚ができるのかといったことは、親が心配することではないのです。

世の中のしくみや、選択肢を伝えることはできるかもしれませんが、何を選ぶかは子ども次第。親の出る幕ではありません。

Q

孤独の不安

孤独死への不安が拭えません。

年齢を重ねて後悔が出ています。私は独身なのですが、家族連れの幸せそうな姿を見ると寂しい気持ちになったりします。結婚のチャンスも逃してしまったと思ったり、両親兄弟も亡くして独り身だと思ったりすると将来への不安ばかりです。孤独死したらどうしようとか、特に深夜にそのような思いが浮かぶと辛くなります。

A

優しささえあれば楽しく生活できます。

至って簡単です。よけいなことは妄想しないでください。私も独身ですけど問題ありません。いろいろな家族を見ていますが、お母さんとお父さんが子どもと楽しそうに遊んでいたりすると、私は何のことなくじっと見ているだけです。それで寂しいという気持ちは一度も起きたことはありません。ですから、私はすぐにその家族の中に入って、皆と一緒にふざけて楽しくすることもできるのです。つまり、優しささえあれば自分の家族・子どもではなくても楽しく生活することは可能です。

人生は業によって決まるので、無理しないこと

自分の人生がどうなるのかということは、業によって決まっていくものですから、私たちが無理をしてもうまくいくものでもありません。たとえば一生独身でいる人もいる。その人が結婚したほうがいいなと思って、何とか結婚してもうまくいかない場合があります。うまくいくなら、とっくに結婚しているのです。ですから、そんなよけいなことで悩む必要はありません。そんなことをああだこうだと考えていると、それは妄想になります。結婚生活に向かないという性格があるのです。それは自分の業の働きです。なかなかその性格は変えられるものではありません。変えることがまったく不可能という意味ではありませんが、結婚に向いていない人が無

理に結婚してもうまくいくかどうかはわかりません。ですから、自分の人生を楽しく、充実感をもって生きればいいのです。

一人の性格にも理由があります

結婚できない性格、ひとりでいたい性格というのは、たとえば過去世で人を助けたという経験が少ない可能性があります。善行為でも、「自分だけよければ」という考えで、一人で行ったのだと思います。「私一人で善行為をするから、他は参加するな」と。例として、公園をきれいに掃除するとしましょう。公園を全部きれいに掃除しようと頑張るのは善行為です。それで何時間もかけて一人で公園を掃除してきれいにする。家に戻って「今日は善いことをした」と喜びを感じる。別の日に、それを見た他の誰かが「私もお手伝いします」と言うと、その人は「いいえ、私一人でやります」と言って断る。そうすると善行為の業も自分一人のものになってしまうのですが、「そうですか、では二人で掃除しましょう。助かります」と答え、また他の日に人が増えて「ありがとうございます。では3人で掃除しましょう」と答えて、そうしてどんどん仲間をつくって20人ぐらいになると、公園の掃除は1分で終わってしまいますが、それで問題はありません。

今までは何時間もかかっていた仕事が、1分で終わる。そうなれば残り時間は皆でお茶でも飲んでお菓子を食べて楽しめばいいでしょう。それも善行為をたくさんの人と一緒にやった、そういう業を自分がつくったことなのです。そういう人には、人間になったときでも仲間がたくさんいたりします。過去の行為を変えることはできません。業にもいろいろなタイプがありますから、今の自分の性格でどうすれば幸福に生きられるのか？　ということだけ考えればいいのです。

寂しいのが嫌なら人助けしましょう

もし寂しいのが嫌だと思うなら、人助けをすることです。それで寂しさは消えます。私たち、出家者は出家した時点でひとりぼっちです。しかし、あらゆる面で限りなく人助けをしています。要求に応じて助けてあげる。とにかく頼まれた仕事はします。助けを求める人を助けてあげることで寂しさというのはなくなるのです。

ですから、寂しいという感情ではなく、自分が人の役に立つということを覚えてください。「**役に立つ**」というのは仏教用語です。自分が役に立っている場合、寂しいということは存在しません。皆は自分が役に立つことを後回しにして、ただ寂しいと叫んでいる。そういう人は、家族の中にいても寂しいと感じるものです。家族がいるから、全然寂しくないということではありません。家族がいるのに寂しいという人を私は知っていますが、それは家族の役に立っていないということなのです。たとえ子どもでも家族の役に立たない場合、だんだん寂しくなっていきます。ということで、「助ける」「協力する」ことで寂しさが消えると理解してください。

孤独死は問題ですらない

それと孤独死の場合ですが、そんなことは気にしないでください。そのときはすでにあなたは死んでいるのですから、気にすることもできません。考える必要がない問題です。ですから、よけいなことを妄想して寂しくなるのではなく、今を喜んで生活するようにする。明るく・充実感をもって生きるということを各自で計画してください。私たちの人生は自分の業がつくったものですから、その業というプログラムでどのように楽しく生きるのかと考える。

もし脚が片方なかったとしたら、片脚で何ができるのかと考えて前向きに生きることがその人の仕事です。他人がそのことに悩む必要はありません。眼が見えない人が「眼が見えるほうがよかった」「なぜ眼が見えないんだ」と悩むと、何もできなくなってしまうのです。それは変えられません。どうすることもできません。ですから、眼が見えない人は眼が見える人がしているのと同じことに挑戦するのではなく、眼が見えないからこそできることに挑戦してみるのです。私が幸福に生きるためにどうすればいいのか？　と計画を立てることで幸せになることができます。

幸福になる計画は自分自身で立てるもの

大家族に生まれる人もいる。子どもが一人という家族もある。結婚しても子どもがいない家族もある。結婚すらしない人もいる。それぞれの業ですから、それでいいじゃありませんか。自分が幸福になる計画は、自分自身で立てるものなのです。

Q 災難の不安

世の中には危険や災難が満ち溢れています。それらから身を守るにはどうしたらよいでしょうか?

世の中には、危険や災難が満ち溢れているように思います。それらから身を守るために、セキュリティ会社から神社のお守りまで、さまざまなメニューが提示されています。しかし、どれも決め手に欠くように思えるのです。私たちはどうやって身を守ればよいか、ブッダの教えからアドバイスをお願いします。

A お守り文化の正体は「怯え」。

私たちは、いかにして身を守るべきでしょうか? 日本にはお守り文化がありま す。神に守ってくださいと祈る文化は世界中にありますが、たくさんのお守りをぶら下げる文化は日本独特のものでしょう。

お釈迦さまの立場からは、そういうものはまず認めません。お釈迦さまは「ものには頼るな」と説かれています。そうはいっても、人は何かに頼りたいものですよね。像などを建てて「どうぞお守りください」と拝むのです。人間は何かに守ってほしいのですが、お釈迦さまは「**それって結局、怯えだよ**」とおっしゃいました。私たちに「怯え」がなかったらどうなるでしょうか？　すごく楽になるのです。

将来への不安は、危険な「現実離れ」

日本だけでなく、世界中に迷信はあります。私たちが怯えているのは先が見えないからです。先は読めないし、知ることは不可能です。でも、知りたがるのです。無理なことをしようとするから、不安や怯えが生まれるのです。新幹線の電光掲示板を見ても、企業ＰＲが流れて「○○で明るい未来を築こう」と謳っていますが、実際は、未来ではなく「今」必要なものをつくって、売りさばいて必死に生きているだけです。人々も「今」欲しいものを買っているのですから、未来はいらないでしょう？　今の問題を解決すれば、それで人生は解決するのです。

「将来」という言葉は、とても危険です。現実化していないことを妄想しているからです。たとえば、現在14歳の女の子が、最初に産む子が男か女かなんてわかるはずがありません。

将来を知ろうというのは試験問題をあらかじめ知ろうとするのと同じですから、将来のことは放っておいてください。とても気持ちが楽になりますよ。

今を生きる人に「お守り」はいらない

「お守り」が守ってくれた試しは、歴史上一度たりともありません。スリランカには「鉄砲に撃たれても当たらない」というお守りがあります。大変高価なお守りですが、自分で試してみる人はいないですね。

効果ゼロなのに、信仰だけはしっかりあるのです。人間はいつでも先を読もうとします。そうではなく「今日は悔しくない生き方をするぞ」「今日は悩まない生き方をするぞ」「今日は失敗しない生き方をするぞ」と決めれば、明るく活発になってビシビシ生きられます。でも、そう話してもなかなかわかってはもらえません。

お釈迦さまの時代、ブッダの弟子はお守りを持っていませんでした。よけいなものは、何も持っていなかったのです。私も、日本に来てお数珠をもらったことがあります。でも、ある有名なお坊さんが、「私は数珠を持っているとすごく落ち着くのです」と言うのを聞いて、「こんなものを持つのは格好悪いんだ、これからは持たないぞ」と思って捨てました。だって、落ち着きはお数珠の問題ではなく、自分の心の問題ですから。

「五戒」こそが身を守る唯一の手段

お守りも、ありがたいお数珠も持たないで、私たちはどうやって身を守ればいいのでしょうか？　「五戒《ごかい》」こそ身を守る唯一の手段です。①生きものを殺さない、②他人のものを盗らない、③不倫など違法な性行為をしない、④嘘偽りを語らない、⑤酒など酔って理性を失わせるものを摂らない、という五戒を守っていれば、他からまったく攻撃を受けません。むしろ攻撃しようとした人が協力してくれることになります。私たちがこの世界で身を守る手段は、戒律なのです。

私は、「戒律」という手垢のついた言葉を別な単語に入れ替えたいのです。それは「**バレたらヤバいことはしない**」です。必ずしも項目は5つでなくてもかまいません。あるお坊さんが「戒律が複雑すぎて守れません」と、お釈迦さまに相談されました。お釈迦さまは「いつでも心が汚れないようにしてください。それだけ守ってください」とおっしゃいました。そのお坊さんは「釈尊が自分のために特別に教えてくれた」と喜んで実践して、24時間、心が汚れないようにと実践し、あっという間に悟りに達したのです。

「いつでも心が汚れないように」というお釈迦さまのアドバイスは、出家者以外には現実的に難しいと思います。商売をしたり、家族の面倒をみたりしても心は汚れてしまうのですから。だから、実践できるように「五戒」になっているのですね。五戒の中に「酒を飲むなかれ」という項目が入っています。それは心が汚れるからです。大人しく酒を飲んでいても、ジワジワと心が汚れていくのです。不飲酒戒は破ったらいちばんヤバイ戒律です。酒を飲むと、人は判断力がなくなるのです。

酒は文化だといっても、仏教は文化の価値に重きを置きません。文化とは毎日変化するもので、文化のために命をかける必要はないのです。人間の便利に合わせて変えればいいだけです。

過去への不安は「懺悔」で解決

仏教に「お守り」はありませんが、私たちをきちんと守ってくれます。それは証拠がいらないほど確実です。「今日から、バレたらヤバイことはしない」と決めるだけです。それで何の問題もありません。

今日から決めたとしても、これまでした悪事の分でダメになるんじゃないか、と不安になるかもしれません。その不安にも対策があります。それは「過ちを素直に認めること」。過ちを隠さないことです。それでまわりは攻撃できなくなります。**今までに自分が恥ずかしいことをした憶えがあるなら、「はい、そうです、たしかにそうでした」と言えば解決します。**仏教に懺悔の文化があるのはそのためです。昔のことは気にしなくていいのですね。過去の過ちを隠すことは、却って罪になります。さらに、死後の心配までするのなら「慈悲の瞑想」（↓237ページ）をすれば、何の問題もなくなるのです。

Q お金の心配

先々のお金のことが心配です。投資はいけないことでしょうか？

株や外貨といった投資で、資産を増やすことが可能な現代社会。私も投資で、資産を増やしています。ところが、「たいした仕事をしていないのに高収入を得るのは罪」と考える風潮があります。仏教的には、投資はいけないことになるのでしょうか？

A 投資も立派な仕事です。

株などの投資も収入を得るための立派な仕事です。お釈迦さまの時代にも投資家はいました。金を商人に貸し、利益の一部を得ていたそうです。それは否定されていません。十分な仕事をして収入を得る、それほど働いてないのに高い収入を得る、という二つをどのように判断すればよいのでしょうか?

しっかりした仕事で収入を得る場合、安全性は高いのです。自分の仕事に対して、雇われた側に報酬をあげる義務が生じます。もし払わなかったら、法律的に裁くこともできます。投資の場合は、この安全性が成り立ちません。為替が下がって自分が損をしても、誰も訴えることはできません。安全性はないのでどこか運任せのような収入資源になりますね。しかし、この仕事もどんな人にもできる仕事ではありません。資金・知識・判断力なども必要ですから、普通の仕事と変わりません。

高収入は善業のおかげでも「徳の補充」は欠かせない

仏教から見れば、過去の善業(徳)が高い人は、少ない労働力で高収入を得ることが普通です。ただし、過去の業といっても、その効き目は徐々に減っていきます。

仏教徒がそのように恵まれた条件で生まれたならば、業が減って、大惨事にならないように注意して生活するのです。具体的にいえば、収入の一部を寄付などの行為で他人のために使用すること、傲慢にならないで、自我を制御して、謙虚に暮らし、贅沢三昧には注意することです。それから、慈悲の実践を日常の生活習慣にするのです（徳が一つ減ったら、三つぐらいの徳を補給しておくやり方です）。

仕事のためでも生命に迷惑をかけないこと

あるバラモンが、お釈迦さまに向かって「労働しない釈尊・出家・行者たちの生き方より、重労働して生計を立てている生き方のほうが大果になるのだ」と言いました。お釈迦さまは「たくさん労働があるからといって、農業などの職業が断言的に優れている、労働が少ないから商売は劣っているとはいえません。農業はたくさん労働があっても、豊作になれば幸福になるし、凶作になったら大損をする。商売もよい値段で物が売れれば幸福になる。売れなかったら損をする」と答えたのです。

この答えの趣旨は、労働が要るか要らないかではなく、選んだ仕事をよい結果になるようにするべきだということです。今回の質問にも、このエピソードを適用できるでしょう。一貫していえるのは、たとえ仕事だとしても、悪行為をしてはならない。罪を犯してはならない。生命の迷惑になってはならないのです。

慈悲の瞑想について

慈悲の瞑想をするうえで大切なのは、心を込めて念じること、そして継続することです。決められた時間や場所はありません。朝目覚めたときや夜眠るとき、移動の交通機関の中などわずかな時間にも、ぜひ心を落ち着けて、「生きとし生けるものが幸せでありますように」と、繰り返し念じてみてください。何人かで一緒に瞑想をするときは声を出して唱えることもありますが、一人で念じるときは、声を出さなくてかまいません。時間をつくって実践するときは、姿勢は背すじと頭をまっすぐに伸ばして、目を閉じて念じてください。

慈悲の瞑想

私は幸せでありますように
私の悩み苦しみがなくなりますように
私の願いごとが叶えられますように
私に悟りの光が現れますように
私は幸せでありますように（3回繰り返し）
※「私は幸せでありますように」と心の中でゆっくり念じます。

私の親しい生命が幸せでありますように
私の親しい生命の悩み苦しみがなくなりますように
私の親しい生命の願いごとが叶えられますように
私の親しい生命に悟りの光が現れますように
私の親しい生命が幸せでありますように（3回繰り返し）
※「私の親しい生命が幸せでありますように」と心の中でゆっくり念じます。

生きとし生けるものが幸せでありますように
生きとし生けるものの悩み苦しみがなくなりますように

生きとし生けるものの願いごとが叶えられますように
生きとし生けるものに悟りの光が現れますように
生きとし生けるものが幸せでありますように（3回繰り返し）

※「生きとし生けるものが幸せでありますように」と心の中でゆっくり念じます。

私の嫌いな生命が幸せでありますように
私の嫌いな生命の悩み苦しみがなくなりますように
私の嫌いな生命の願いごとが叶えられますように
私の嫌いな生命に悟りの光が現れますように

私を嫌っている生命が幸せでありますように
私を嫌っている生命の悩み苦しみがなくなりますように
私を嫌っている生命の願いごとが叶えられますように
私を嫌っている生命に悟りの光が現れますように

生きとし生けるものが幸せでありますように（3回）

アルボムッレ・スマナサーラ

Alubomulle Sumanasara

スリランカ上座仏教（テーラワーダ仏教）長老。1945年、スリランカ生まれ。13歳で出家得度。国立ケラニヤ大学で仏教哲学の教鞭をとったのち、1980年に国費留学生として来日。駒澤大学大学院博士課程で道元の思想を研究。現在、宗教法人日本テーラワーダ仏教協会で初期仏教の伝道と瞑想指導に従事し、ブッダの根本の教えを説きつづけている。朝日カルチャーセンター（東京）の講師を務めるほか、NHKテレビ「こころの時代」などにも出演。著書に『怒らないこと』『怒らないこと2』『心がフッと軽くなるブッダの瞑想』（だいわ文庫）、『死後はどうなるの？』（角川文庫）、『ブッダに学ぶほんとうの禅語』（アルタープレス）、『ブッダが教える心の仕組み』（誠文堂新光社）、『スッタニパータ「犀の経典」を読む』（サンガ新社）など多数。

心配《しんぱい》しないこと

2023年 2 月20日　第 1 刷発行
2023年12月20日　第 2 刷発行

著　　者　アルボムッレ・スマナサーラ
発 行 者　佐藤 靖
発 行 所　大和《だいわ》書房
東京都文京区関口1-33-4 〒112-0014
電話 03(3203)4511

印　　刷　厚徳社
カバー印刷　歩プロセス
製　　本　小泉製本

ISBN 978-4-479-01228-3

http://www.daiwashobo.co.jp

Staff

カバーデザイン
水戸部功

本文デザイン
庄子佳奈
(marble plant.inc)

編集協力
神津文人

校正
メイ

DTP
EDITEX